भोग प्रसाद

(प्रत्येक अवसर के लिए घर पर बनायी जा सकने वाली मिठाइयों की सरल विधि)

चन्द्रप्रभा

यूनीकॉर्न बुक्स

प्रकाशक
यूनीकॉर्न बुक्स

F-2/16, अंसारी रोड, दरियागंज, नई दिल्ली-110002
☎ 23275434, 23262683 • Fax: 011-23257790
E-mail: info@unicornbooks.in • *Website:* www.unicornbooks.in

शाखा : मुम्बई
23-25, जाओबा वाड़ी, ठाकुरद्वार, मुम्बई-401002
☎ 022-22010941, 022-22053387
E-mail: rapidex@bom5.vsnl.net.in

विक्रय केन्द्र :

➤ **पुस्तक महल,** नई दिल्ली
J-3/16, दरियागंज, नई दिल्ली-110002
बेंगलुरु: ☎ 080-22234025
पटना: ☎ 0612-3294193

➤ **पी.एम., पब्लिकेशन्स,** दिल्ली
10-बी, नेताजी सुभाष मार्ग, दरियागंज, नई दिल्ली-110002
6686, खारी बावली, दिल्ली-110006

➤ **वी. एण्ड एस. पब्लिशर्स,** हैदराबाद
5-1-707/1, ब्रिज भवन, (सेन्ट्रल बैंक ऑफ इण्डिया लाइन के साथ)
बैंक वाली गली, कोटी हैदराबाद-500095
☎ 040-24737290

ISBN: 978-81-7806-124-5

भोग प्रसाद

संस्करण : 2013

मुद्रकः यूनिक कलर कॉर्टन, मायापुरी, नई दिल्ली-110064

अपनी माँ को सादर समर्पित
जिनसे प्रेरणा प्राप्त की

प्रिय
इला, बेला,
मालविका, दिव्या,
ईशा, अनूषका
को सस्नेह उपहार

दो शब्द

पाक-परम्परा युगों से माँ से बेटी को सहजभाव से मिलती आई है और कभी-कभी बेटों को भी, क्योंकि बेटा या बेटी सभी को माँ के हाथ का खाना पसंद आता है। आज पाक-शास्त्र पर एक-से-एक सुंदर पुस्तकों का अंत नहीं, परन्तु उसमें मेरी बेटी को वह कुछ नहीं मिलता जो उसे मुझसे पूछकर मिलता है। तो यह किताब मेरी बेटी को, व्यस्तताओं के बीच भी घर में बनायी जा सकने योग्य मिठाइयों एवं नमकीन के लिए मार्गदर्शन का काम करेगी। जो कुछ वह मुझसे जानना-पूछना चाहती है, वह सब इस किताब में देख सकती है। हो सकता है कि कहीं माप-तौल तराजू पर उतना सही न उतरे, पर माप उतना जरूरी भी नहीं। आंखें, अंदाज, खाने की खुशबू एवं रंग सब कुछ अपने आप बता देती हैं। एक बार समझ में आने पर पाक-कला अपने आप ही अभ्यास से निखरती जाती है। विधि सब ठीक ही है, पर स्वाद व पसंद के अनुसार, ऋतु व काल के अनुसार तथा जरूरत के अनुसार माप-तौल कम-ज्यादा होता रहता है।

भारतीय संस्कृति व सभ्यता उल्लासमयी है जो पर्व, त्योहारों से भरी पड़ी है। देश के एक कोने से दूसरे कोने तक, उत्तर से दक्षिण तक, पूरब से पश्चिम तक। हर पर्व एवं त्योहार मिठाइयों से जुड़ा है, मिठाइयों के बिना अधूरा है। हर रस्म मिठाइयों से जुड़ी है। भगवान का भोग समझकर हर पकवान व मिष्टान्न बनाया जाता है और प्रसाद समझकर ग्रहण किया जाता है।

वर्तमान समय में कामकाजी महिलाओं को घर और बाहर का संतुलन बैठाना मुश्किल हो जाता है। बाहर घूमने भी जाएं, घर का काम भी संभालें, ऐसे में चाहती हैं कि तुरन्त कोई चीज घर पर ही बना लें जिसे सब शौक से खा लें। आजकल बाजार में शुद्ध मिठाइयां मिलना मुश्किल है। मिठाइयों की तरफ रुझान भी कम हो रहा है। डायबिटीज आदि बीमारियां युवावस्था से ही होने लगी हैं। फिर ऐसी मिठाई कहां से आए जो नुकसान भी न करे और संतुष्टि भी दे। घर में ही कुछ ऐसी मिठाई हो जो रोजमर्रा में बिना अतिरिक्त भार पड़े बना सकें और खाने में सुस्वादु हों। इस पुस्तक में मिठाई बनाने का केवल तरीका ही नहीं दिया हुआ है, बल्कि जरूरी टिप्स भी दिए गए हैं एवं अनुभवजन्य जानकारी भी दी गई है, जिससे जो नहीं भी कुछ बनाना जानते वे भी ठीक से बना सकें।

केक, चॉकलेट, सूफ्ले, पिज़्ज़ा, बर्गर, पास्ता आदि बनाने की किताबों की भरमार है। विदेशी व्यंजन बनाने की असंख्य पुस्तकें हैं, पर परम्परागत मिठाई बनाने की किताबों की कमी है।

'विजन वन वल्लरी' की तरह घर-आंगन में स्वाभाविक रूप से खिलने वाली मिठाई कहीं दुकान पर उपलब्ध नहीं होती। जगह-जगह से वहां के वातावरण में रची-बसी, त्योहारों में पिरोई, स्मृतियों में बसी मिठाइयों की कोई रेसिपी बुक नहीं थी। यह मेरा एक सपना था कि मैंने जो अनुभव से पाया उसे औरों में बांट जाऊं, कम से कम अपने बच्चों को उनकी परम्परागत थाती पकड़ा जाऊं जो मौखिक, अलिखितरूप से पीढ़ी दर पीढ़ी चली आ रही है। कुछ को तीज-त्योहारों ने जीवित रखा है, कुछ को परम्परा ने जीवित रखा है।

आज की भागम-भाग जिन्दगी में रसोई में समय बिताने की फुर्सत किसे है? किसी तरह दो टाइम का खाना बन जाए वही बहुत है। फिर त्योहारों पर कौन मेहनत करे, कौन मिठाई बनाए। सभी त्योहारों पर न छुट्टियां मिलती हैं, न जानकारी रहती है कि कब क्या करना है। खासकर जो लोग विदेशों में चले गए हैं, उन्हें तो और कुछ भी नहीं पता। यदि कोई घर पर मिठाई बनाना भी चाहे तो तरीका नहीं पता। होली आती है और मेरे पास फोन आने लगते हैं कि गुझिया (पेड़किया) कैसे बनाई थी, मुझे बताओ। मालपुआ कैसे बना था या करवाचौथ पर श्री गणेश संकट चतुर्थी पर मीठे पुए और शक्करपारे कैसे बने थे? कभी याद करने लगते हैं मां जी के हाथ के बने पात के लड्डू। वे कैसे बने थे? उनका स्वाद ही याद है। पात के लड्डू को आधा करने के लिए वे हाथ से नहीं टूटते थे, उन्हें किवाड़ के बीच से दबाकर आधा तोड़ा जाता था, जैसे अखरोट वगैरह को तोड़ा जाता है। वे पात के लड्डू भुने चने के बनते थे, यह जानकारी भी नहीं है।

गन्ने के मौसम में नया गुड़ तो आता ही था, गन्ने के रस की खीर भी बनती थी जिससे सभी तृप्त होते थे। अब रस की खीर न

कोई बनाना जानता है, न स्वाद जानता है। ऐसे ही मुरमुरे के लड्डू, तिल के लड्डू, चूड़े के लड्डू बहुत कम दिखाई देते हैं। बाजार में तिलबुग्गे मिलते हैं लेकिन उसमें वह भुने तिल का स्वाद नहीं, तिल भुने ही नहीं होते।

आजकल के बच्चों को चरणामृत बनाने को कहो तो पहले तो उन्हें चरणामृत का मतलब ही नहीं पता, फिर कैसे बनेगा यह तो दूर की बात है। परिवार में नववधू आई थी, घर में सभी त्योहार मनते थे, पर शादी के सात-आठ वर्ष बाद भी उसे चरणामृत बनाना नहीं आता था। हर बार पूछती थी कि कैसे बनाऊं। और बना लिया तो समझा बहुत बड़ा काम किया। जबकि यह साधारण-सी बात है।

इन्हीं सबके चलते बहुत दिनों से मन में यह ख्याल आ रहा था कि कोई ऐसी किताब हो जो घर से जुड़ी हो, पुरानी भूली-बिसरी स्वादिष्ट मिठाइयों से जुड़ी हो, तीज-त्योहारों से जुड़ी हो, जिसे आजकल के बच्चे भी पसंद करें, जो दादी-नानी से उनके हाथ की बनी मिठाइयों की फरमाइश करते रहते हैं। बहुत दिनों से यह सपना, सपना ही रहा। इसके पूरा होने में तीस-चालीस वर्षों का लंबा समय निकल गया, जिन्हें यह सौगात देनी थी वे भी बड़े हो गए। फिर लगा कि उन बच्चों को अभी भी इस किताब की जरूरत है। इससे वे कहां तक लाभ उठा पाएंगे, यह तो वही बताएंगे। इसमें नया कुछ नहीं है। बरसों से जो हमारी विरासत चली आ रही है, उसे ही संकलित किया है। संकलन मेरा है, पर विधियां पीढ़ी दर पीढ़ी से चली आ रही हैं। घरों में अलिखित तौर पर बनती आ रही हैं।

इसमें विस्तार से सरल तरीका देने का प्रयास किया गया है जिससे कुछ नहीं जानने वाले भी ठीक से बना लें। ये स्मृतियां हैं जो जगह-जगह से मिष्टान्न-विधि एकत्र करने से जुड़ी हुई हैं। एक-दो दे देने से आशय अधिक स्पष्ट हो जाएगा। बिहार प्रदेश के डाल्टनगंज के देहात की एक घटना है– ''एक मूढ़ी (मुरमुरे) बेचने वाली हमारे यहां सिर पर टोकरी लेकर मूढ़ी बेचने आई और बोली कि मूढ़ी ले लो, गांव से ताजे भूनकर लाई हूं। उसके पास बाट-तराजू कुछ नहीं था, ऐसे ही डिब्बे से तोलकर दे रही थी। हमने एक-दो डिब्बा मूढ़ी ले ली, वह भी काफी सारी लग रही थी। पर वह नहीं मानी, बोली इतनी से क्या होगा, बच्चे हैं आपके पास, दो-तीन किलो तो लो। मैंने कहा– ये तो हलकी होती है, इतनी सारी कनस्तर भर कौन खाएगा। पर उसने कहा कि लड्डू बना लो बच्चे शौक से खाएंगे। मूढ़ी के लड्डू तब तक न मैंने सुने थे, न

खाए थे। उससे कहा हम मूढ़ी के लड्डू नहीं खाते, न बनाना जानते हैं। उसने कहा कि मैं जानती हूं, बता दूंगी। थोड़े गुड़ डालकर पका लो और मूढ़ी डालकर लड्डू बांध लो। मैंने कहा कि तुम बता रही हो तो बना भी जाओ, अच्छे लगे तो पूरी टोकरी के बनवा लेंगे। वह खुश हो गई, आराम से बैठ गई, मूढ़ी फटककर चुनी। हमसे गुड़ मांगा, गुड़ पिघलवाया, वहीं बैठे-बैठे परात में मूढ़ियां डालीं, कुछ कागज पर बिछाई और कड़ाही में से कलछी लेकर गुड़ मूढ़ियों पर डलवाया, एक पलटे से मूढ़ी चलाने लगी और जब वह जुड़ने जैसी होने लगी तो हलका सा पानी का हाथ लगाकर उसके फटाफट लड्डू बना दिए, जिन्हें फैलाए कागज पर मूढ़ियों पर डालती गई और मिनटों में लड्डू बनते गए। उसने कनस्तर मांगा, उसमें मूढ़ियां डालीं, फिर लड्डू की तह लगाई, फिर मूढ़ियां बिछाई, फिर लड्डू की तह लगाई, ऐसा करते-करते कनस्तर भर गया और कनस्तर भरने से पहले हमारे बच्चे और उनके दोस्त गरमा-गरम मूढ़ी के लड्डुओं का स्वाद ले चुके थे। एक दो नहीं, आठ-आठ लड्डू एक बार में ले लिए। कहने की जरूरत नहीं कि उसकी सारी मूढ़ी तो बिक ही गई, हमारे घर मिठाई भी भर गई जो न जल्दी खराब होने वाली थी, न नुकसान देने वाली। हलके मीठे की, घर की बनी। यह मुरमुरे के लड्डू की रेसिपी मुझे ऐसे मिली।

ऐसे ही मक्के का दर्रा व झाल-मूढ़ी की रेसिपी की कहानी है। एक बार वन विभाग की जीप से जंगल में घूमते हुए बहुत अंदर तक चले गए। घना जंगल था, दोपहर का समय था। निविड़ वन प्रांत में एक अकेला सा, छोटा सा फॉरेस्ट गार्ड या रेंजर का झोंपड़ीनुमा छत वाला छोटा सा बंगला था। उसने हमें छांह में बैठाया, जलपान करके आग्रह करने लगा। हमने चाय को मना किया तो भी अतिथि सत्कार के लिए उसने कहा कि दो मिनट ठहरकर मुंह मीठा करके ठंडा पानी पीकर जाइए। हमने सोचा कि घने जंगल में जहां आस-पास कोई दुकान नहीं, यह क्या मिठाई लाएगा। या कोई दस-बारह दिन रखी कोई पुरानी सी मिठाई देगा। पर उसने तुरंत पांच मिनट के अंदर प्लेट भरकर गरम-गरम हलवा लाकर दिया,

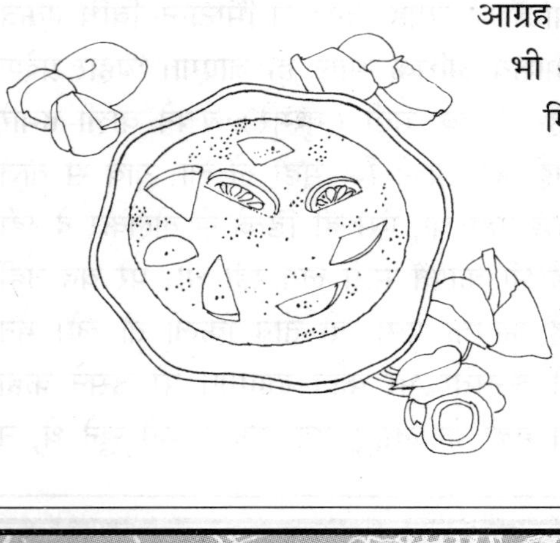

खाया तो चकित रह गए। शुद्ध घी की मनभावनी सुगंध, भुने मक्के की गंध व नए गुड़-शक्कर की सुगंध के साथ मिलकर गजब ढा रही थी। हमने कहा बहुत अच्छा व स्वादिष्ट बना है, लग रहा है कि खाते चले जाओ। तो उसकी पत्नी ने कहा कि यह भुने मक्के के दर्रे का हलवा है। दर्रा अर्थात् मोटा आटा। खेत में मक्का हुआ था, उसका दर्रा बनाकर टिन में भर लिया। मैंने पूछा कैसे बना, तो बोली, ''कुछ नहीं, दर्रा गरम करके गुड़-घी मिला दिया, जरा सा दूध डाल दिया और हलवा बन गया।'' यह पांच मिनट में तैयार होने वाला हलवा बड़े-बड़े मूंगदाल के हलवों को मात कर रहा था। पर इसकी कहीं कोई रेसिपी नहीं थी।

एक बार ट्रेन यात्रा में देखा कि एक बंगाली परिवार ने मूढ़ी निकाली, तेल का डिब्बा निकाला, नमक-मिर्च, प्याज, नीबू निकाला और ट्रेन में ही झाल-मूढ़ी तैयार कर डिब्बे में हिला-हिलाकर अपने बच्चों को खाने को दी, हमें भी दी। सरसों के तेल की महक खाने का निमंत्रण दे रही थी। नीबू, मिर्च, नमक का स्वाद मुंह में पानी ला रहा था। यह चटपटा तुरन्त तैयार होने वाला नाश्ता बाजार के नाश्तों से अच्छा था।

एक बार अमेरिका में न्यूयार्क में घूमते समय वहां का हैलोवीन त्योहार देखा। तरह-तरह के मीठे कद्दू, नारंगी रंग के, लंबे, छोटे, चौड़े, गोल। कोई आकृति व साइज़ न बची थी जिसमें वे न हों। बड़े से बड़ा और छोटे से छोटा। छोटा दो इंच के व्यास का, तो बड़ा दो फुट व्यास से भी बड़ा। इतनी विभिन्नता, इतना उल्लास। सब-अर्ब (देहात-प्रदेश) में पूरी की पूरी झोंपड़ियां पम्पकिन, शुगर पम्पकिन से सजी हुईं। हर कोई पम्पकिन सजा रहा है या पम्पकिन पाई खा रहा है। बच्चे भी घर पर जिद कर रहे थे कि पम्पकिन पाई बने। आखिर कौन बनाए, कैसे बनाए, कैसे पता चले? वहां सब अंडे का साम्राज्य है, कोई रेसिपी अंडे से अछूती नहीं। वहां बाजार में बेक्ड या अन-बेक्ड पाई मिल जाती है, पर उसमें घी की जगह लार्ड (आमिष चर्बी) इस्तेमाल करते हैं। बाहर से भी नहीं खरीद सकते थे। अत: घर पर ही मैदे से पाई बनाई। वहां पाई बनाने का आटा मिल जाता है, उसे पकाने का सांचा भी मिल जाता है। मीठे कद्दू को उबालकर उसका गूदा निकाला, मैश किया, मसाले व दूध वगैरह मिलाकर उसे पाई में भरकर बेक किया। बच्चों ने खाया तो बोले कि बाजार में मिलने वाली व दोस्त के घर बनने वाली पाई से ज्यादा अच्छा लगा। अपने यहां भी मीठे कद्दू का हलवा बनता है, सब्जी बनती है। वहां मीठा कद्दू भरी हुई रेसिपी को पम्पकिन पाई कहते हैं, अपने

यहां उड़ददाल की कचौरी के साथ मीठे कद्दू की सब्जी का मेल है। वहां पाई को बेक कर लेते हैं, अपने यहां कचौरी को डीप फ्राई करते हैं।

दक्षिण भारत की यात्रा करते समय स्टेशन पर हरे केले के पत्तों पर बिकते सरसों का छौंक लगे दही-चावल देखकर मन प्रसन्न हो गया, खाकर और भी तृप्त हुए। यह कैसे बना? कौन बताए? कहां है इसकी रेसिपी? ऐसे ही इडली पर लगी लाल चटनी की कहानी है। मेरी बेटी स्कूल में टिफिन ले जाती थी, दोस्त के साथ मिलकर खाती थी, एक दिन आकर बोली कि उसकी इडली लाल होती है, आपकी सफेद क्यों? मैंने कहा कि कुछ सॉस लगाई होगी। बोली नहीं, सूखी थी। वैसी ही इडली दीजिए। मैंने तरह-तरह से ट्राई किया, पर बात नहीं बनी। फिर अपनी दक्षिण यात्रा में एक मित्र के घर वह चटनी देखी। पूछा तो उन्होंने बताया-दाल, हींग व मिर्च को सूखा भून-पीसकर तेल मिलाकर उसे इडली पर लगा दो, रंग गुलाबी/लाल हो जाएगा। बच्चे शौक से खा लेंगे। दाल, मिर्च, हींग भूनकर, पीसकर नमक मिलाकर शीशी में भरकर रख लो। जब जरूरत हो, थोड़ा सा निकालो, तेल मिलाओ और खाओ। या ऐसे ही सूखा ही गरम इडली पर छिड़ लो। सादी इडली चटपटी हो जाएगी।

किस तीज-त्योहार पर कौन सी मिठाई बनायी जाती है, यह भी इसमें दे दिया गया है। नवरात्र, जन्माष्टमी पर उपवास रखा जाता है, इसलिए अन्न रहित मिष्टान्न बनते हैं, उसमें अन्य मिष्टान्न शामिल नहीं किए गए हैं। अन्य विविध मिष्टान्न अलग से दे दिए गए हैं, साथ ही कुछ नमकीन की भी रेसिपी है। इस विषय पर यह प्रथम पुष्प कला को समर्पित है, इसी शृंखला में अन्य पुष्प भी समर्पित होते रहेंगे।

-चन्द्रप्रभा

विषय-सूची

मिष्टान्न–अन्य विविध मिष्टान्न

घर की मिठाई की अलमारी

'मधुरेण समापयेत्'। अर्थात् भोजन मीठी चीज खाकर समाप्त करें चाहे वह गुड़ ही हो। कुछ बच्चे तो मिठाई के इतने शौकीन होते हैं कि मिठाई खाकर ही उनका भोजन शुरू होता है। वे कहते हैं कि मिठाई से भूख खुलती है, इसलिए फ्रूटक्रीम वे पहले खा लेते हैं और खाना बाद में। स्कूल से आकर घर की मिठाई की अलमारी खोलकर मिठाई पहले खाते हैं, भोजन बाद में करते हैं। पोस्ते की पंजीरी, बेसन के लड्डू का स्वाद ही ऐसा होता है कि खाते चले जाओ। उस मिठाई की अलमारी से निकालकर खाई हुई मिठाई का स्वाद बड़े होने तक याद रहता है।

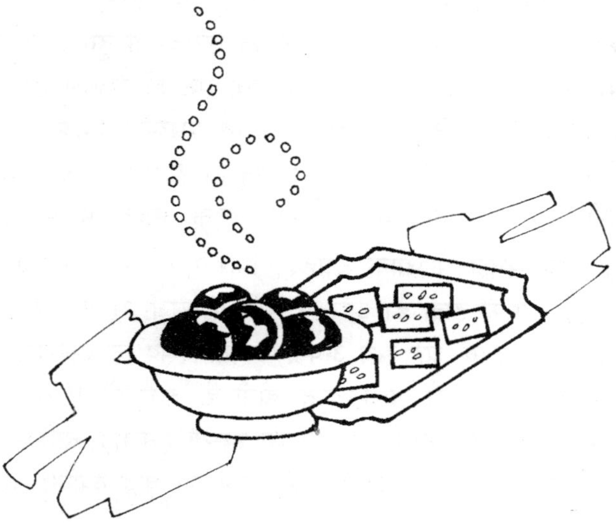

लेकिन आजकल घरों में मिठाई बनाने की परंपरा समाप्त-सी हो चली है, या कम हो गई है। बाजारों में मिठाई के अम्बार लगे हैं, पर घर वाली मिठाई का स्वाद उनमें नहीं है। घर में ही तरह-तरह की मिठाई—अनाज, आटा, चावल, मैदा, गेहूं, दाल और फल, दूध, दही, क्रीम से बनाई जा सकती है। मिठास के लिए चीनी, गुड़, बूरा, शक्कर और शहद मिला सकते हैं। गुड़ ताड़ का या ईख का हो सकता है। जरूरी है कि घरेलू मिठाई बनाने की परंपरा चलती रहे, इसकी जानकारी बनी रहे।

भोजन पकाने का क्षेत्र एक विशाल महासागर है। अपने-अपने हिस्से का क्षेत्र ही जान पाएं तो पर्याप्त है। पूरे महासागर को नहीं जाना जा सकता है। हर किसी को पूरे महासागर की जरूरत भी नहीं पड़ती। रुचियों की विभिन्नता है, स्वाद की विभिन्नता है, पकाने की विधि की विभिन्नता है, उपयोग में लाई जाने वाली सामग्री की विभिन्नता है, बनाने वाले हाथों की विभिन्नता है। जैसे समस्त आकृतियों में विभिन्नता है, चाहे नाक, कान, मुंह, हाथ-पैर, सब में समान हैं, पर हर अंगुली की छाप में विभिन्नता है। ऐसे ही हर व्यक्ति के पकाए खाने में पूरी समानता नहीं हो सकती। एक ही गुझिया, एक ही मिठाई या कोई भी चीज पकाने की विधि विविध हाथों में जाकर विविध आकार ले सकती है। फिर भी सभी स्वादिष्ट लग सकती हैं। अत: यह नहीं कहा जा सकता है कि यही अंतिम है या यही सर्वोत्तम है। हर कोई अपनी-अपनी रुचि, स्वास्थ्य, आवश्यकता, क्षमता, प्राथमिकता एवं पाचन-शक्ति को देखते हुए थोड़ा फेर-बदल हर किसी व्यंजन में कर सकता है, फिर भी वह स्वादिष्ट हो सकता है। अत: कोई भी विधि या पड़ने वाली सामग्री अंतिम नहीं है। उसमें परिवर्तन किया जा सकता है या उसके बिना भी काम चलाया जा सकता है। अनुभव से सीखा जा सकता है। भोजन पकाना समय की बात है। जितना ज्यादा समय, उतना अच्छा भोजन।

आधारभूत तथ्य समझ में आना चाहिए। फिर कुछ भी बनाने में परेशानी नहीं होती। सब कुछ सहजता से होता है। आटे में, मैदे में, सूजी में या बेसन में घी कितना मिलाएं, चीनी कितनी मिलाएं, यह सब अपनी-अपनी पसंद के अनुसार कम-ज्यादा हो सकता है। ज्यादा घी से मैदे की चीज खस्ता होती है, कम घी में कड़ी होती है-यह सभी जानते हैं। मठरी वृद्ध व्यक्तियों को एकदम खस्ता (नरम) चाहिए, जबकि बच्चों को मठरी कड़ी चाहिए। चबाने में दिक्कत की वजह से वृद्ध व्यक्ति नरम चीज पसंद करते हैं।

पांच किलो मैदे में एक किलो घी का अंदाज है, पर यह कम-ज्यादा भी हो सकता है। आधे किलो मैदे की गुझिया में घी अर्थात् मोयन पच्चीस ग्राम से लेकर सौ ग्राम तक या इससे भी थोड़ा ज्यादा पड़ सकता है। कोई पचहत्तर ग्राम डालते हैं, तो कोई एक सौ पच्चीस ग्राम तक डालते हैं। जो बिल्कुल कम घी पसंद करते हैं, वे पच्चीस-तीस ग्राम तक मोयन एक किलो में डालते हैं। हमारे घरों में परंपरा से मां, नानी, दादी, जो पकवान बनाती आई हैं, वह कभी नाप-तौल कर नहीं अंदाज से बनाती

आई हैं। क्योंकि वे कभी तौलकर डालती ही नहीं थीं, अंदाज से डालती थीं। लिखने के लिए नाप-तौल में बताना आवश्यक है, पर शब्दों की अभिव्यक्ति की भी एक सीमा है। सारी बातें शब्दों में नहीं बांधी जा सकतीं। इसलिए किसी चीज को बनते हुए देखकर जल्दी सीखा जा सकता है। एक बार बनाने का तरीका (विधि) समझ में आ जाने पर नाप-तौल इतना जरूरी नहीं रह जाता। अपने-अपने स्वादानुसार अंदाज से फेर बदल किया जा सकता है।

जानने के लिए जरूरी बात यह है कि चीज की प्राथमिक सामग्री क्या है और वह सही आंच पर सही तरह से, सावधानी से पकाई जाए जिससे न कच्ची रहे, न जले। चीनी कम-ज्यादा हो या घी कम-ज्यादा हो, इससे चीज के स्वाद में इतना अंदर नहीं पड़ता जितना जल जाने या अधपके रह जाने पर पड़ता है। अतः कोई भी व्यंजन तैयार करते समय सावधानी अपेक्षित है। कोई भी व्यंजन यदि एक बार खा चुके हैं या चख चुके हैं, या बनते हुए देख चुके हैं, तो बनाना आसान हो जाता है, क्योंकि आप उसकी आकृति, स्वाद, रंग-रूप जानते हैं या कभी घर में बनती देखी है तो उसकी एक छाप पड़ी रहती है, चाहे आप बनाने की पूरी विधि नहीं जानते। जरा-सा मालूम होने पर उसे ठीक तरह से बनाया जा सकता है। घरेलू मिठाई की अपनी गुणवत्ता एवं महत्ता है। जिसको कम करके नहीं आंका जा सकता। इसी परंपरा को आगे बढ़ाने, बनाए रखने की दिशा में यह एक प्रयास है।

हमारे उत्सवों एवं त्योहारों में कोई भी बिना मिष्टान्न के पूरा नहीं होता। भगवान का भोग लगाना है तो मिठाई चाहिए। कोई भी खुशी का मौका हो मिठाई चाहिए। करवा चौथ है तो मीठी पूरी बननी ही है। अहोई अष्टमी है तो मीठे पुए बनने हैं। होली है तो मालपुए और गुझिया बननी है। छठ पर्व है तो ठेकुआ बनना है। दीवाली है तो जलेबी बननी है। देवी का भोग लगाना है तो हलुआ बनना ही है। प्रसाद वितरण करना है तो मिष्टान्न चाहिए। व्रत-उपवास के समय तो फलाहारी व्यंजन चाहिए और जिसमें अनाज नहीं हो ऐसी मिठाइयां चाहिए। अतः शुद्धता, पवित्रता की दृष्टि से भी घरेलू मिष्टान्न का महत्त्व है।

1. खोये-मेवे की गुझिया

सामग्री–

- मैदा : 500 ग्राम
- शुद्ध घी : 100 ग्राम या 75 ग्राम (मोयन के लिए)
- पानी : 225 ग्राम या अंदाज से

पूर (भरावन) की सामग्री–

- खोया : 200 ग्राम
- नारियल कसा हुआ : 200 ग्राम
- बादाम कटा हुआ : 100 ग्राम
- चिरौंजी : 100 ग्राम
- किशमिश : 100 ग्राम
- छोटी इलायची पिसी हुई : 10-12
- बूरा या पिसी चीनी : 500 ग्राम
- घी तलने के लिए : 500 ग्राम या अंदाज से

खोये को हलका भूनकर निकाल लें। ठंडा होने पर सब सामग्री मिलाकर मिश्रण बना लें।

विधि–

आधा किलो मैदे में सौ ग्राम शुद्ध घी का मोयन डालकर अच्छी तरह मसलें। घी को पिघला कर डाल लें। फिर हलका-हलका पानी डालते हुए (करीब दो सौ पच्चीस ग्राम) कड़ा आटा गूंध लें। दस-पंद्रह मिनट आटे को ढक कर रख दें। अब इसकी करीब पचास-पचपन लोई बराबर-बराबर बना लें। इन्हें साढ़े चार इंच डायमीटर (व्यास) तक, पूरी की तरह गोल बेलें।

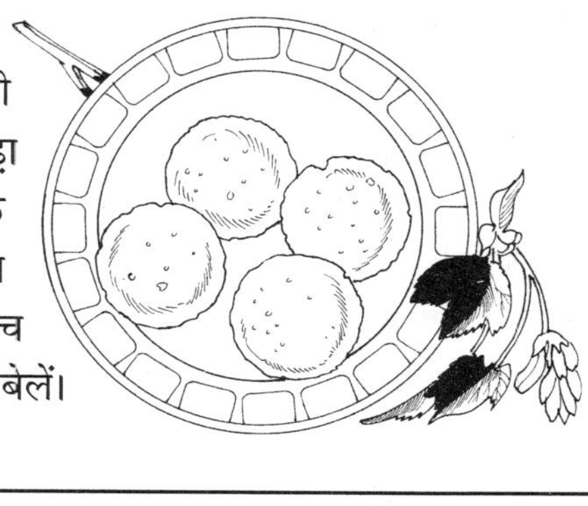

अब एक बड़ा चम्मच (टेबिल स्पून) भरकर पूर भरें और पूरी को आधा मोड़ लें। चारों तरफ किनारे पर पानी लगाकर ठीक से चिपका दें। अब उसके किनारे अंगुली से हलका-हलका मोड़कर सुंदर गुंथा हुआ आकार दे दें।

कड़ाही में करीब आधा किलो शुद्ध घी डालकर, गरम होने पर आठ-दस गुझिया एक साथ डालकर हलकी गुलाबी रंगत की तल लें। जैसा समोसे या मठरी का रंग होता है, उस रंग जैसे तलना है। इसी तरह सारी गुझियां तल लें।

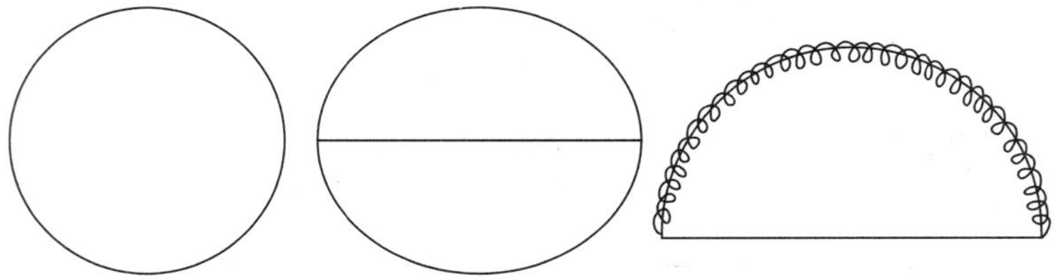

गोल पूरी आधी पूरी किनारे मोड़ें

2. नारियल की गुझिया (चाशनी में डालकर)

सामग्री–

- मैदा : 500 ग्राम
- शुद्ध घी : 100 ग्राम (मोयन के लिए)
- पानी : 225 ग्राम या अंदाज से
- घी : 500 ग्राम या अंदाज से

पूर की सामग्री–

- नारियल कसा हुआ : 500 ग्राम
- बूरा या पिसी चीनी : 100 ग्राम
- बादाम कटा हुआ : 20 ग्राम
- चिरौंजी : 20 ग्राम
- किशमिश : 20 ग्राम
- छोटी इलायची पिसी हुई : 10-12

चाशनी के लिए–

- चीनी : 500 ग्राम
- पानी : 1 कप
- पिस्ते बारीक कटे हुए : 20–25

विधि–

कसे हुए नारियल को कड़ाही में हलका-सा गरम कर लें, फिर ठंडा होने पर उसमें बूरा, इलायची आदि सामग्री मिला दें। यह मिश्रण गुझिया में भरने के लिए है।

मैदे में सौ ग्राम घी का मोयन देकर अच्छी तरह मसल लें, फिर हलका-हलका पानी डालते हुए गूंध लें। दस-पंद्रह मिनट आटे को ढक कर छोड़ दें। अब इसकी करीब पचास-पचपन लोई बना लें। लोई ढककर रखें जिससे सूखे नहीं। इन्हें चकले-बेलन के सहारे पूरी की तरह एक-एक कर गोल, करीब साढ़े-चार इंच व्यास की बेल लें। एक पूरी में एक बड़ा चम्मच (टेबुल स्पून) पूर भरें, और आधा मोड़ लें। चारों तरफ किनारे पर पानी लगाकर चिपका लें। किनारों को अंगुलियों की सहायता से हलका-हलका मोड़ते हुए, सुंदर-सा आकार दे दें, बेल-सी बन जाएगी। इसी तरह सब पूरियों को भरकर मोड़कर गूंथकर रख लें।

कड़ाही में करीब आधा किलो घी डालें और हलका गरम होने पर आठ-दस गुझिया एक साथ डाल दें। सुनहरा होने तक तल लें। इसी तरह सारी गुझिया तल लें।

चाशनी बनाने के लिए चीनी में पानी डालकर गैस/चूल्हे पर रखें। हलकी आंच पर चीनी घुलने दें। डेढ़ तार की चाशनी बनाएं। गुझियों में चाशनी ठीक से भरने के लिए सलाई से एक-दो छेद कर दें। गरम चाशनी में पांच-छह गुझिया एक साथ डालें। एक मिनट पड़ी रहने दें, फिर निकाल कर छलनी में रखें। इसी तरह सभी गुझियों को चाशनी में डालकर निकाल दें। इस पर पिस्ते की हवाइयां लगा दें।

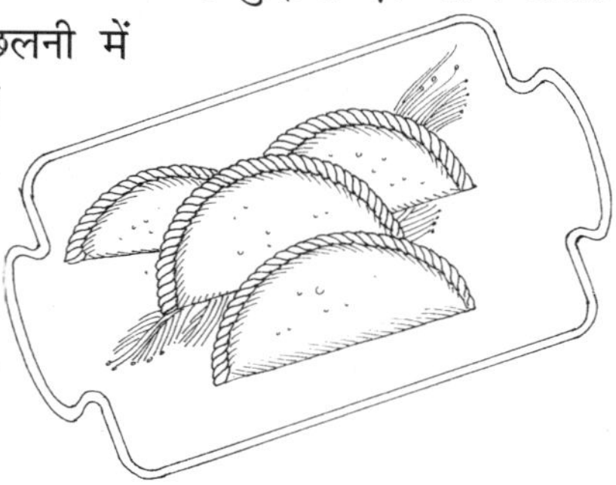

नोट– *यदि बिना चाशनी के गुझिया बनानी है तो पूर की सामग्री में सौ ग्राम की जगह पांच सौ ग्राम बूरा या पिसी चीनी डालें।*

3. सूजी की गुझिया

सामग्री–

- मैदा : 500 ग्राम
- शुद्ध घी : 100 ग्राम
- पानी : 225 ग्राम या अंदाज से

पूर की सामग्री–

- सूजी : 250 ग्राम
- पिसी हुई चीनी : 250 ग्राम
- पिसी हुई छोटी इलायची : 8–10
- किशमिश : 20 ग्राम
- नारियल कसा हुआ या छोटे टुकड़े : 20 ग्राम
- साबुत सौंफ : 1 छोटा चम्मच
- चीनी चाशनी के लिए : 300 ग्राम
- देशी घी तलने के लिए : 500 ग्राम

विधि–

मैदे में घी का मोयन डालकर अच्छी तरह से मसलें और हलका-हलका पानी डालकर कड़ा गूंधे और ढककर अलग रख दें। सूजी को कड़ाही में एक चम्मच घी डालकर हलका गुलाबी होने तक भूनें। ठंडा करें। पिसी चीनी, भुनी सूजी, पिसी हुई इलायची, किशमिश व नारियल के टुकड़े, सौंफ सब आपस में मिलाकर रखें। यह गुझिया में भरा जाएगा।

मैदे की छोटी-छोटी लोइयां बनाकर पूरी बेलें, हर पूरी में एक बड़ा चम्मच पूर भरें। आधा मोड़ें और किनारों पर पानी डालकर चिपका लें तथा गुझिया को आकार दें। किनारों को अंगुली के सहारे हलका-हलका मोड़ें।

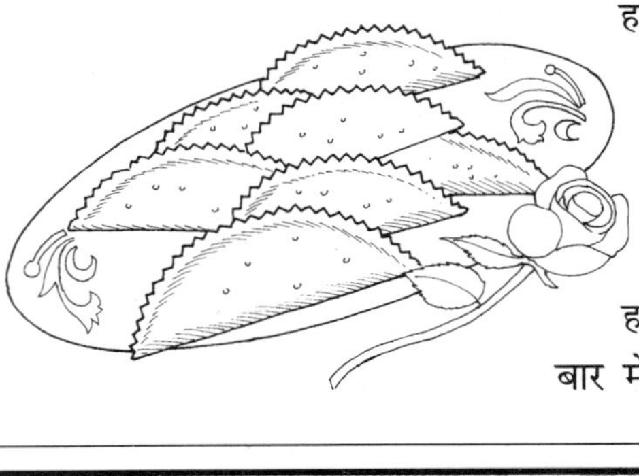

कड़ाही में आधा किलो घी डालें, हलका गरम होने पर आठ-दस गुझिया एक बार में सुनहरा होने तक तलें।

पौना कप पानी डालकर चाशनी बनाएं। करीब डेढ़ तार की चाशनी बनाएं। इसमें पांच-छह गुझिया एक बार में डालें और एक मिनट बाद निकाल लें। इसी तरह सब गुझिया पाग लें।

नोट–*यदि चाशनी में नहीं भी डाली जाए तो भी गुझिया ऐसे ही अच्छी लगती है।*

4. खोये की गुझिया

सामग्री–

- **मैदा : 500 ग्राम**
- **शुद्ध घी : 100 ग्राम**
- **बूरा : 400 ग्राम**
- **खोया : 500 ग्राम**
- **मेवा, बादाम, चिरौंजी, खरबूजे की गिरी, किशमिश : 20 ग्राम प्रत्येक**
- **तलने के लिए देशी घी : 1 किलो के करीब**

विधि–

खोये को हलकी आंच पर कड़ाही में गुलाबी होने तक भून लें। बराबर चलाते रहना है। खोया भुन जाने पर थाली में निकाल कर ठंडा होने के लिए रख दें। फिर उसमें बादाम काटकर मिला दें। चिरौंजी व खरबूजे की गिरी को भी साफ करके मिला दें, साथ ही किशमिश भी मिला दें। बूरा भी मिला दें। यह गुझिया में भरने के लिए मिश्रण (भरावन या पूर) तैयार हो गया।

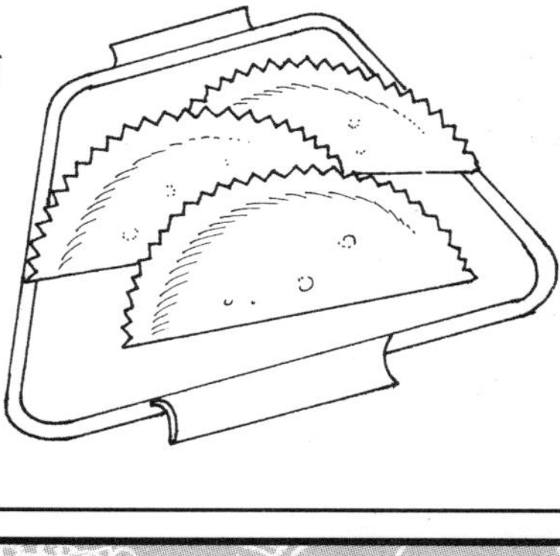

मैदे में सौ ग्राम शुद्ध घी को पिघलाकर मोयन दें। मोयन मिलाकर मैदे को अच्छी तरह मसल लें। अब हलका-हलका पानी डालते हुए कड़ा आटा गूंध लें। मैदे को दस मिनट ढककर रखें।

मैदे की छोटी-छोटी लोई, करीब पचास तक बना लें। इन लोइयों को पूरी की तरह बेल

लें। फिर थोड़ा-थोड़ा मिश्रण भरते हुए आधा मोड़ दें। किनारों पर हलका पानी लगाकर ठीक से बंद कर दें। अंगुलियों के सहारे किनारों को थोड़ा-थोड़ा गूंथ दें। जैसा गुझिया के किनारों पर गुंथा रहता है।

गूंथने से गुझिया सुंदर, भरी हुई लगेगी और पूर भी बाहर नहीं निकलेगा। कड़ाही में घी डालकर गरम करें। घी हलका गरम होने पर उसमें दस-बारह गुझिया एक साथ डालें। यदि कड़ाही छोटी है तो पांच-सात गुझिया एक बार में डालें। हलकी सुनहरी होने पर निकाल लें।

5. चन्द्रकला

यह भी गुझिया की तरह है। फर्क आकार, रंग व स्वाद का रहता है। यह गोल बनती है। इसके किनारे भी गुझिया की तरह मोड़े जाते हैं। रंग इसका ज्यादा गुलाबी रखते हैं। रंग गुलाबी रखने के लिए मैदे में हलका-सा खोया भी मिलाते हैं। इसके आटे को दही या मट्ठे से गूंधा जाता है तथा हलका पानी मिलाया जाता है।

सामग्री (करीब 30 नग के लिए)–

- **मैदा : 500 ग्राम**
- **शुद्ध घी : 100 ग्राम**
- **पानी : 225 ग्राम (दही या मट्ठा मिलाने पर पानी की मात्रा कम करें)**
- **खोया : 50 ग्राम**
- **चन्द्रकला के ऊपर सजाने के लिए : 30 लौंग**

पूर–

मेवे की गुझिया की तरह या खोये की गुझिया की तरह बना लें।

विधि–

मैदे में मोयन गरम घी का देकर हाथ से अच्छी तरह मसल लें। खोये को कड़ाही में भूनकर हलका गुलाबी करके

निकाल लें और इसे मैदे में मिला दें। हाथ से अच्छी तरह मसल लें। अब हलका-हलका पानी डालते हुए मैदे को कड़ा गूंध लें। इसे ढककर रख दें।

मैदे की छोटी-छोटी लोई लें। एक चन्द्रकला के लिए तीन लोई लेनी होगी। इन लोइयों को छोटी पूरी की तरह बेल लें, करीब तीन इंच व्यास की। अब एक पूरी के ऊपर भरावन (पूर) रखें, करीब एक बड़ा चम्मच भरकर। दूसरी पूरी से इस पूरी को ढककर दोनों पूरी के किनारे आपस में चिपका दें। भरावन (पूर) इन दोनों पूरियों के बीच रहेगा। किनारों को हलका पानी लगाकर ठीक से बंद करें। अब तीसरी लोई लें। इसे साढ़े तीन इंच व्यास की बेल लें, यह पहली दोनों पूरियों से थोड़ी बड़ी रहेगी, क्योंकि इसे इनके ऊपर सजावट के लिए चिपकाना है।

चाकू से इस तीसरी पूरी को दस फांकों में इस तरह काटें कि बीच से पूरी जुड़ी रहे। एक-एक फांक को बीच से मोड़कर अलबेट देकर फूल की तरह बना दें। यह घुमावदार फांकों वाली पूरी चन्द्रकला पर चिपका दें। किनारों व बीच से अच्छी तरह चिपकाएं।

अब इस चन्द्रकला को हाथ में उठाकर इसके किनारों को गुझिया की तरह मोड़ लें। बीच में एक लौंग लगा दें। इससे सुंदर भी लगेगी और ऊपर की पूरी ठीक से चिपक भी जाएगी।

तीन-चार चन्द्रकला एक साथ डालकर धीमी आंच पर देशी घी में तल लें। हलकी गुलाबी रंगत आने पर बाहर निकाल लें। स्वादिष्ट चन्द्रकला तैयार है।

6. चाशनी में पगी चन्द्रकला

चन्द्रकला को यदि चाहें तो गुझिया की तरह चाशनी में पाग भी सकते हैं। इसके लिए तीन सौ ग्राम चीनी में पौन कप पानी डालकर डेढ़ तार की चाशनी बना लें। इसमें चन्द्रकला एक मिनट डुबाएं और फिर निकाल कर रख लें, अच्छा होगा कि निकाल कर छलनी में रखें, जिससे अतिरिक्त रसा बह जाए। इस पर पिस्ते की हवाइयां लगा सकते हैं।

7. आटे के मालपुए

सामग्री–

✦ आटा	: 250 ग्राम
✦ दूध आटा घोलने के लिए	: थोड़ा सा
✦ सौंफ	: 1 छोटा चम्मच
✦ नारियल के पतले टुकड़े	: 1 बड़ा चम्मच
✦ पके केले	: 2 छोटे-छोटे चन्दे काटकर
✦ चीनी	: 200 ग्राम चाशनी के लिए
✦ शुद्ध घी तलने के लिए	: 200 ग्राम या आवश्यकतानुसार

विधि–

दूध डालकर पतला आटा घोलें, पकौड़ी के लिए बेसन जैसा। घोल में सौंफ, नारियल के पतले टुकड़े मिला दें। इसे आधे घंटे तक छोड़ दें। फिर अच्छी तरह से फेंटकर इसमें पके केले के टुकड़े भी मिला दें। अब हलकी आंच पर कड़ाही में घी गरम करें। एक कलछी में घोल लेकर कड़ाही में डालें। पुआ घी में पूरी की तरह फैल जाएगा। एक तरफ सिंकने पर दूसरी तरफ पलटें। दोनों तरफ अच्छी तरह से सेंक कर चाशनी में पुआ डालें और निकाल लें। पुआ हलकी गुलाबी रंगत का होगा। चाशनी पहले ही एक तार की बनाकर रखें। इसी तरह सब पुए सेंक लें और एक-एक पुआ चाशनी में डालते जाएं और निकालते जाएं। पुए तश्तरी में सजाकर गरम-गरम परोसें। सजाने के लिए इलायची दाना दरड़ा हुआ (हलका पिसा हुआ), बादाम, पिस्ते की हवाइयां (पतले कटे हुए) और किशमिश ऊपर से बुरक दें। स्वादिष्ट पुए तैयार हैं।

***नोट**–यदि दूध नहीं डालना चाहें तो दूध की जगह पानी से घोल लें। या आधा दूध व आधा पानी मिलाकर घोलें।*

8. आटे के मालपुए खोये के साथ

सामग्री–

आटे के मालपुए की तरह ही घोल बनाएं। इसी में पचास ग्राम खोया भी मिला दें। बाकी सब आटे के मालपुए की तरह है। इसमें यदि चाहें तो केला नहीं मिलाएं।

9. आटे, मैदे व सूजी के मालपुए

इसमें बराबर का आटा, मैदा व सूजी रख सकते हैं। या दो हिस्सा आटा, एक हिस्सा मैदा और एक हिस्सा सूजी रख सकते हैं। इन तीनों चीजों को मिला लें। मिलाकर दूध में आटे के पुए की तरह ही घोल लें। घोल को करीब एक घंटा छोड़ दें, जिससे सूजी के दाने ठीक से फूलकर घुल जाएं। फिर फेंट कर सौंफ, नारियल के टुकड़े व केला मिला दें और आटे के पुओं की तरह तलें तथा चाशनी में डालें।

नोट–*इन पुओं के घोल में यदि चाहें तो थोड़ा खोया भी मिला सकते हैं।*

10. मैदे के मालपुए

मैदे को दूध में घोल लें। करीब आधा/एक घंटा छोड़ दें। फिर अच्छी तरह फेंट कर उसमें नारियल के टुकड़े, सौंफ व पके केले के टुकड़े मिलाएं और आटे के पुओं की तरह ही घी में सेंकें तथा चाशनी में डालकर निकालें।

नोट–*इनमें भी चाहें तो थोड़ा-सा खोया मिला सकते हैं।*

11. मीठे पुए आटे के (बिना चाशनी के)

सामग्री–

- ✦ **आटा** : **250 ग्राम**
- ✦ **चीनी या गुड़** : **125 ग्राम**
- ✦ **बड़ी इलायची के दाने दरड़ कर (हलका पीस कर)** : **4–5**
- ✦ **नारियल कसा हुआ** : **20 ग्राम**
- ✦ **घी** : **2 बड़ा चम्मच**
- ✦ **तलने के लिए देशी घी** : **250 ग्राम या अंदाज से**

विधि–

आटे में चीनी मिला लें। दो चम्मच शुद्ध घी पिघलाकर डालें। पिसी इलायची और कसा हुआ नारियल डालें। पानी या दूध डालकर आटे को घोल लें, पकौड़ी के बेसन से जरा गाढ़ा घोलें।

कड़ाही में घी गरम करें। हलका गरम होने पर चम्मच से पुए का थोड़ा-थोड़ा घोल डालें और सुनहरा गुलाबी सेंक कर पकौड़ी की तरह बाहर निकाल लें।

***नोट–**इन मीठे पुओं का घोल थोड़ा पतला करके इसमें सौंफ व पके केले के चन्दे काटकर, मिलाकर मालपुओं की तरह पतला भी सेंका जा सकता है। इन मीठे पुओं को चाशनी में डालने की जरूरत नहीं है।*

12. तिलबुग्गा

सामग्री–

- ✦ तिल : 200 ग्राम
- ✦ खोया : 200 ग्राम
- ✦ बूरा : 200 ग्राम
- ✦ मेवा : इच्छानुसार
- ✦ कटे हुए बादाम, किशमिश, पिस्ता : थोड़ा-थोड़ा
- ✦ इलायची दरड़ी हुई : 7-8

करीब एक बड़ा चम्मच प्रत्येक मेवा ले सकते हैं।

थोड़ा बारीक कटा हुआ मेवा तिलबुग्गों पर सजाने के लिए अलग से रखें।

विधि–

तिल को साफ करके धोकर सुखा लें। यदि धोना नहीं चाहें तो ऐसे भी बना सकते हैं। त्योहार पर शुद्धता की दृष्टि से धोकर सुखाते हैं। तिल को धो लेने से धूल-मिट्टी ठीक से निकल जाती है।

तिलों को थोड़ा-थोड़ा करके करीब एक-एक मुट्ठी या आधी मुट्ठी करके कड़ाही में डालें और उन्हें चटकने तक भूनें। तिलों का रंग हलका सुनहरा हो जाएगा। चटक कर वे फूल जाएंगे। इसी तरह सब तिलों को भून लें।

भूनकर गरम-गरम तिलों को इमामदस्ते (ओखली) में कूट लें या ठंडा होने पर मिक्सी में चलाकर पीस लें। हलका दरदरा पीसें। ज्यादा पतला करने की जरूरत नहीं है।

खोये को कड़ाही में गरम करके ठीक से मसल लें, हलका-सा भूनकर उतार लें। खोये का रंग सफेद/सुनहरा सा रहेगा। हलका भूनकर थाली में निकाल लें। ठंडा होने दें।

पिसे तिलों में बूरा और खोया अच्छी तरह से मिलाएं। अब इसमें थोड़े कटे बादाम, किशमिश, पिस्ता कटा हुआ व इलायची दरड़ कर अच्छी तरह से मिला दें।

अब इन्हें तिलबुग्गे का आकार दे दें। इसके लिए एक छोटी करीब डेढ़ इंच व्यास की कटोरी में थोड़ा पिस्ता, बादाम, किशमिश व पिसी इलायची एक चुटकी के करीब बुरकें। मिश्रण को लड्डू जितना बड़ा लेकर कटोरी में डालें। उसे हाथ से ठीक से दबा दें। अब इस कटोरी को हलका-सा झटका देकर चकले पर उलटा करें। चकले पर कटोरी के आकार का तिलबुग्गा निकल आएगा। इसी तरह सब बना लें। यदि कटोरी नहीं हो तो छोटी गिलसिया में भी भरकर गिलसिया के आकार के तिलबुग्गे निकाल सकते हैं। गिलसिया को आधा ही भरें, कटोरी जितना। ये तिलबुग्गे खाने में बहुत स्वादिष्ट होते हैं।

यदि तिलबुग्गे का आकार नहीं देना चाहें तो इस मिश्रण को छोटे-छोटे लड्डू की तरह गोल बांध लें। तिल के लड्डू तैयार हैं। ये खाने में स्वादिष्ट होते हैं।

13. साबुत सफेद तिल के लड्डू (पात के लड्डू)

सामग्री–

- **सफेद तिल : 500 ग्राम**
- **गुड़ : 250 ग्राम**

विधि–

तिलों को चुनकर, धोकर साफ करके सुखा लें। कड़ाही में थोड़े-थोड़े तिल डालकर मध्यम आंच पर हलका भूरा होने तक भून लें।

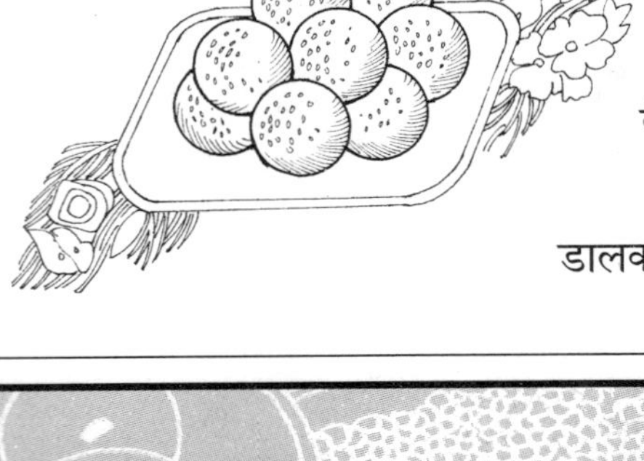

कड़ाही में करीब आधा पाव पानी डालकर गुड़ तोड़कर डाल दें। इसकी गाढ़ी चाशनी बनाएं, खूब गाढ़ा होने तक पकने दें।

चार सौ ग्राम तिलों में गुड़ की चाशनी डालकर अच्छी तरह मिला लें। शेष सौ ग्राम तिल

अलग रख दें। हाथ में थोड़ा-सा पानी लगाकर तिलों के छोटे-छोटे गोल-गोल लड्डू हाथों के सहारे बना लें। बने हुए लड्डू को अलग से रखे हुए तिलों में लपेटकर रखते जाएं। अलग से तिल में लपेटने से लड्डू कुरकुरे बने रहते हैं। जल्दी सीलते नहीं।

14. काले तिल के लड्डू

यह भी सफेद तिल की तरह बनते हैं। धोकर साफ करके तिलों को सुखा लें, फिर कड़ाही में मध्यम आंच पर थोड़ी देर भूनें। उसके बाद निकाल लें। गुड़ की चाशनी बनाकर सफेद तिलों की तरह लड्डू बनाएं।

15. तिल की पंजीरी

सामग्री–

- **सफेद तिल** : **250 ग्राम**
- **चीनी या गुड़** : **250 ग्राम**
- **खोया** : **200 ग्राम**
- **पानी** : **अंदाजन आधी कटोरी**

विधि–

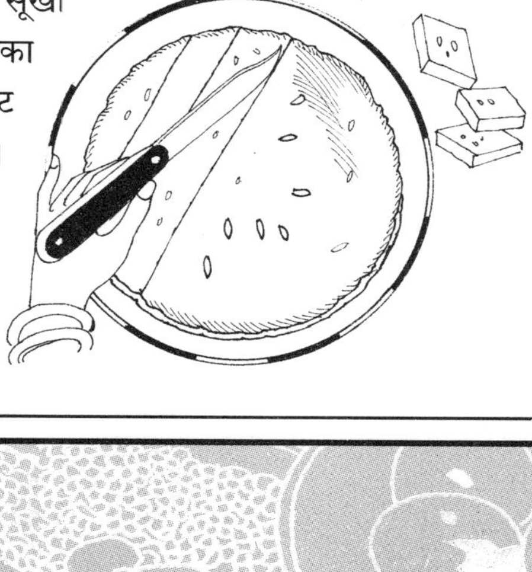

तिलों को धोकर-सुखाकर साफ कर लें। सूखी कड़ाही में थोड़े-थोड़े तिल डालकर हलका भूरा होने तक भूनें। भुनने पर तिल पट-पट की आवाज करते हैं और थोड़ा फैल जाते हैं। सभी तिलों को इसी तरह भून लें। भूनकर गरम-गरम तिलों को इमामदस्ते (ओखली) में कूट लें।

खोये को कड़ाही में हलका गुलाबी होने तक भून लें। फिर निकालकर ठंडा होने दें।

चीनी की तीन तार की चाशनी बनाएं। चाशनी बन जाने पर चूल्हे से उतार लें। पहले कुटे तिलों को डालें, खूब चलाएं। जरा ठंडा होने पर इसमें खोया मिलाकर तुरंत थाली में निकालकर जमा दें। हलका सूखने पर मन पसंद आकार की पंजीरी काट लें। पंजीरी जमाने से पहले थाली को घी का हाथ लगाकर चिकना कर लें।

नोट—*यह पंजीरी बिना खोये की भी बन जाती है। इसके लिए ढाई सौ ग्राम तिलों में करीब दो सौ ग्राम चीनी या गुड़ लें। उसी चीनी/गुड़ को खूब पकाकर गाढ़ी चाशनी बनाकर उसमें तिल डालकर चलाएं, फिर उसे थाली में जमा दें।*

16. तिलकुट

सामग्री

- **सफेद तिल** : **250 ग्राम**
- **शक्कर या बूरा** : **200 ग्राम**

तिलों को साफ कर, धोकर, सुखाकर कड़ाही में हलका भूरा होने तक सूखा भून लें। गरम तिलों को इमामदस्ते (ओखली) में कूट लें। कूटकर बाहर निकाल लें और इसमें शक्कर या बूरा मिला दें। स्वादिष्ट तिलकुट तैयार है।

17. चूड़े के लड्डू

सामग्री–

✦ मोटा चूड़ा	: 1 किलो
✦ गुड़	: 500 ग्राम
✦ साबुत सौंफ	: 2-3 छोटा चम्मच
✦ पिसा अदरक	: 50 ग्राम या इच्छानुसार या बिना अदरक के भी बना सकते हैं

विधि–

कड़ाही में एक गिलास पानी डालकर गुड़ तोड़कर पकने के लिए रख दें। गाढ़ी चाशनी होने तक पकने दें। अदरक को पीस लें। चूड़े को एक कड़ाही में डालकर थोड़ा-थोड़ा करके धीमी आंच पर कुरकुरा होने तक भून लें। भुना चूड़ा थोड़ा-सा, करीब आधा पाव अलग रख लें। चाशनी खूब गाढ़ी बना लें। चाशनी में पिसा अदरक डालें, फिर सौंफ डालें, फिर भुने चूड़े को गुड़ की चाशनी में धीरे-धीरे डालें और चलाते जाएं।

चूड़े के लड्डू छोटे या बड़े जैसी इच्छा हो बना लें और जो अलग चूड़ा रखा था उसमें लड्डुओं को लपेट कर रखें। इससे वे कुरकुरे बने रहेंगे, सीलेंगे नहीं।

नोट–*हाथ में हलका-सा पानी लगाकर थोड़े गरम चूड़े के ही लड्डू बना लें। आसानी से बन जाएंगे। पानी लगाने से हाथ में चिपकेंगे नहीं।*

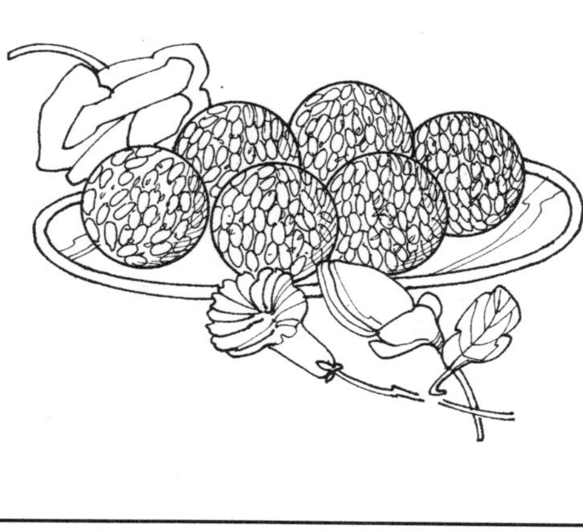

18. नारियल-खोये की बर्फी

सामग्री–

✦ नारियल का चूरा या कसा हुआ नारियल	:	100 ग्राम
✦ खोया	:	250 ग्राम
✦ चीनी	:	150 ग्राम या एक कटोरी

विधि–

खोये को धीमी आंच पर कड़ाही में हलका गुलाबी होने तक भूनें। निकालकर ठंडा करने के लिए रखें। नारियल को कड़ाही में हलकी आंच पर दो-तीन मिनट गरम करके निकाल लें।

कड़ाही में करीब आधी कटोरी पानी डालकर चीनी की तीन तार की चाशनी बनाएं। चाशनी बन जाने पर आंच से उतार लें। चाशनी में पहले कसा हुआ नारियल डालें। उसे चलाते रहें, फिर थोड़ा ठंडा होने पर जब जमने जैसा होने लगे तो उसमें खोया मिलाकर उतार लें और थाली को घी का हाथ लगाकर, चिकना कर उसमें पंजीरी जमा दें। ऊपर से चांदी का वर्क लगा सकते हैं। पर वर्क आजकल अच्छे नहीं आ रहे हैं। मिलावट है, अतः वर्क की आवश्यकता नहीं है। पंजीरी ठंडी होने पर चाकू से मनपसंद आकार में काट लें।

नवरात्र का भोग लगाने के लिए घर की बनी स्वादिष्ट मिठाई तैयार है।

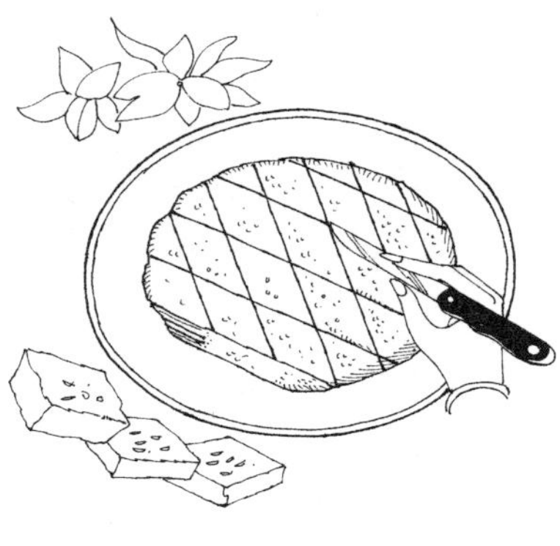

19. पोस्तादाने की पंजीरी

सामग्री–

- पोस्तादाना : 250 ग्राम
- चीनी : 200 ग्राम

विधि–

पोस्तादाने को फटक कर साफ कर लें, चुन लें। फिर पानी से धोकर सुखा लें। कड़ाही में थोड़ा-थोड़ा पोस्तादाना डालकर भून लें। मध्यम आंच पर भूनें, हलका गुलाबी होने पर उतार लें। इसी तरह सारा पोस्तादाना भून लें। इस पोस्तादाने को इमामदस्ते (ओखली) में गरम-गरम कूट लें। यदि मिक्सी में पीसना चाहें तो पहले पोस्तादाना थोड़ा ठंडा होने दें, तब मिक्सी में डालें।

अब कड़ाही में तीन तार की चाशनी तैयार करें। करीब सौ ग्राम पानी डालकर चाशनी बनाएं। अच्छी-सी पक जाए तो आंच से उतार लें। अब इसमें कुटा पोस्तादाना मिलाकर अच्छी तरह चलाएं, घी का हाथ लगाकर थाली चिकनी कर लें। इस थाली में पंजीरी जमाएं, थाली को हिलाकर पंजीरी फैला दें अथवा हाथ से दबाकर फैला दें। जम जाने पर पंजीरी इच्छानुसार काट लें। दो-दो इंच के टुकड़े कर सकते हैं।

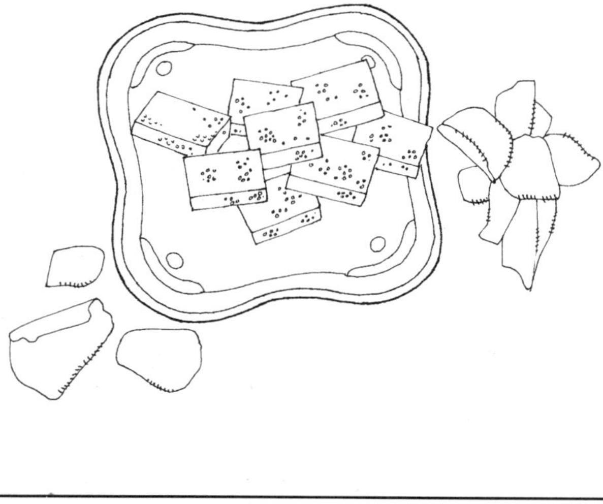

20. खरबूजे की गिरी की पंजीरी

सामग्री–

- खरबूजे की गिरी छिली हुई : 250 ग्राम
- चीनी : 250 ग्राम
- पानी : 100 ग्राम (अंदाज से)

विधि–

खरबूजे की छिली गिरी लें। इसे ठीक से साफ करके चुन लें। छिलका नहीं रहना चाहिए।

कड़ाही में खरबूजे की गिरी डालकर भूनें। हलका सुनहरा होने पर उतार लें। भुनने पर गिरी पट-पट कर फूल जाएगी।

अब चीनी की तीन तार की चाशनी बनाएं। अंदाजन सौ ग्राम पानी डालकर चाशनी पकाएं। जब चाशनी पक जाए तो इसे उतार लें और गिरी इसमें डालकर चलाएं। जब जमने जैसी होने लगे तो घी लगी चिकनी थाली में पलट दें। थाली हिलाकर पंजीरी ठीक से फैला दें या हाथ के सहारे फैला दें। जम जाने पर पंजीरी इच्छानुसार काट लें। दो-दो इंच का टुकड़ा काट सकते हैं।

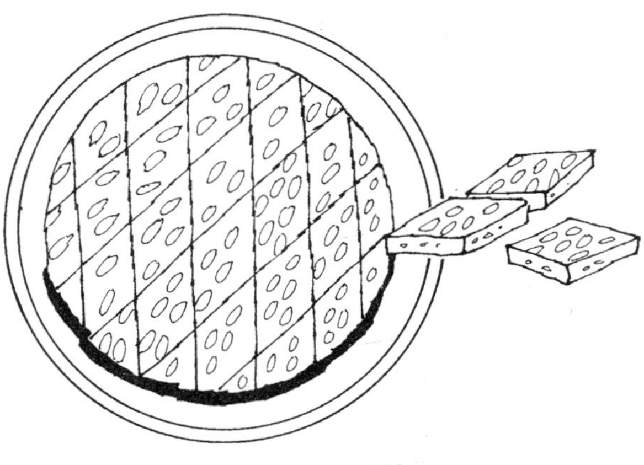

21. गोंद की पंजीरी

सामग्री–

- ✦ गोंद : 100 ग्राम
- ✦ बादाम : 100 ग्राम
- ✦ चिरौंजी : 100 ग्राम
- ✦ कसा हुआ नारियल : 100 ग्राम
- ✦ किशमिश : 100 ग्राम
- ✦ पिस्ता : 100 ग्राम या इच्छानुसार
- ✦ बड़ी इलायची : 8–10 दरड़ कर
- ✦ जीरा : 1 बड़ा चम्मच
- ✦ अजवायन : आधा बड़ा चम्मच
- ✦ चीनी : 500 ग्राम
- ✦ शुद्ध घी : 100 ग्राम के करीब

विधि–

गोंद अच्छा वाला लें, जो मोती जैसी रंगत का हो। यदि बड़ा गोंद है तो तोड़कर छोटे टुकड़े कर लें। कड़ाही में थोड़ा शुद्ध घी डालकर गरम होने पर गोंद को तलकर निकाल लें। थोड़ा-थोड़ा गोंद एक बार में डालें। घी में तलने से गोंद फूल जाएगा और बढ़ जाएगा। हलकी तेज आंच पर गरम घी में गोंद तुरंत पापड़-कचौड़ी की तरह फूल जाएगा। फूलते ही उसे अलग निकाल लें।

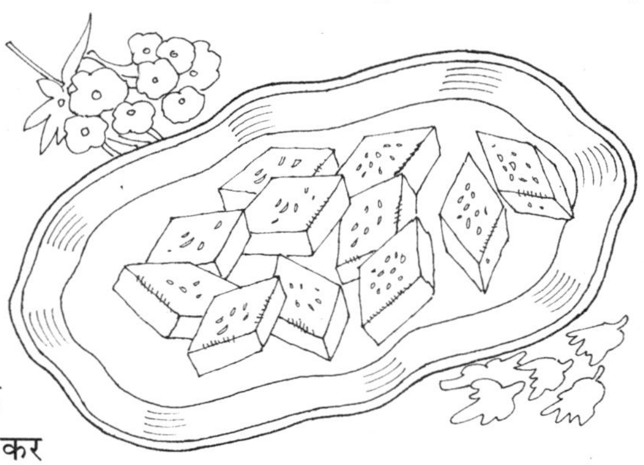

बादाम को बारीक काट लें। पिस्ता भी बारीक काट लें। नारियल को कद्दू कस कर लें। चिरौंजी साफ कर लें। उसकी मिट्टी, कंकड़ निकाल दें। किशमिश भी साफ कर

लें। यदि डंडी हो तो तोड़ दें। इलायची का छिलका छुड़ाकर दरड़ लें अर्थात् मोटा-मोटा पीस लें। जीरा व अजवायन साफ कर लें।

अब एक-दो बड़ा चम्मच शुद्ध घी कड़ाही में डालकर बादामों को भूनकर निकाल लें। फिर उसी घी में पिस्तों को भूनकर निकाल लें। चिरौंजी भी हलकी भूनकर निकाल लें। किशमिश भी घी में गरम करके निकाल लें। नारियल को कड़ाही में नाम मात्र के घी में सूखा भूनकर निकाल लें। नारियल सबसे बाद में डालें।

जीरे व अजवायन को भी गरम घी में हलका भूनकर निकाल लें। यदि बादाम व पिस्ता काटना न चाहें तो साबुत बादाम और पिस्तों को तल लें और उसको कूट कर छोटे टुकड़े कर लें या सिल पर सिलबट्टे से तोड़ लें।

अब चाशनी तैयार करें। करीब ढाई सौ ग्राम पानी डालकर उसमें चीनी पिघलाएं और अच्छी तरह से पकाकर तीन तार की चाशनी बना लें। चाशनी बन जाने पर उसमें जीरा, अजवायन, नारियल, बादाम, पिस्ता, किशमिश, बड़ी इलायची, चिरौंजी आदि सब डाल दें। गोंद भी डाल दें, ठीक से मिला लें। थाली को घी लगाकर चिकनी करके रखें। इस थाली में गोंद जमा दें। थाली पटक कर हिलाकर गोंद को एक सार फैला दें। जम जाने पर इच्छानुसार पंजीरी काट लें। दो-दो इंच के टुकड़े काट सकते हैं। स्वादिष्ट पंजीरी तैयार है।

22. गोंद-गुड़ की पंजीरी

सामग्री–

- **गोंद** : **250 ग्राम**
- **गुड़** : **500 ग्राम**
- **अजवायन** : **1 छोटा चम्मच**
- **जीरा** : **1 छोटा चम्मच**
- **पानी** : **250 ग्राम के लगभग**
- **शुद्ध घी गोंद तलने के लिए** : **अंदाज से**

विधि–

अच्छी गुणवत्ता का गोंद लें, यदि बड़े टुकड़े हैं तो छोटे कर लें। कड़ाही में घी डालकर गरम करें। गरम होने पर उसमें थोड़ा-थोड़ा गोंद डालकर तलकर निकालती जाएं। हलकी तेज आंच पर अच्छा तला जाता है। एकदम गोंद फूलकर बड़ा हो जाता है। उसे सफेद हलका, सुनहरा रहते ही बाहर निकाल लें। सभी गोंद इस तरह से तल लें।

अब कड़ाही में चाशनी तैयार करें। गुड़ में करीब ढाई सौ ग्राम पानी डालकर गुड़ पिघलाएं, खूब पकाएं और तीन तार की चाशनी तैयार करें। चाशनी बन जाने पर आंच से उतार लें।

चाशनी में गोंद डालकर खूब अच्छी तरह से मिलाएं, अजवायन व जीरा भी डाल दें। जमने जैसा होने पर चिकनी थाली में डालकर जमा दें। थाली पटक कर व हिलाकर गोंद फैला दें। थाली पहले से ही पोंछकर सुखाकर घी का हाथ लगाकर चिकनी करके रखें। जम जाने पर पंजीरी इच्छानुसार काट लें। दो-दो इंच के टुकड़े काट सकते हैं। पंजीरी को मनचाही आकृति दे सकते हैं। चाहे वर्गाकार काटें या तिरछी काटें।

***नोट**–गुड़ की जगह चीनी डालकर भी इसी तरह से पंजीरी बनाई जा सकती है।*

23. मखाने की खीर

सामग्री–

- मखाने : 100 ग्राम
- दूध : 1 लीटर
- चीनी : डेढ़ कलछी या स्वादानुसार
- बादाम, पिस्ता, किशमिश : थोड़े से, कटे हुए
- बड़ी इलायची के दाने : थोड़े से, दरड़े हुए
- शुद्ध घी मखाना भूनने के लिए : आधा चम्मच

विधि–

मखानों को भूनने से पहले साफ कर लें, चाकू से मखानों को आधा-आधा तोड़ लें। देख लें कि अंदर जाला या कीड़ा या सुरसुली तो नहीं हैं। मखाने नए ताजे होंगे तो साफ होंगे, पुराने मखाने होंगे तो ठीक से साफ कर लें। साफ करने के बाद ही मखानों को भूनना चाहिए।

कड़ाही मे हलका-सा शुद्ध घी डालकर हलकी आंच पर मखाने भूनें, जिससे मखाने सफेद ही रहें और भुन भी जाएं। भुनने पर कुरकुरे हो जाते हैं। भुन जाने पर मखानों को निकाल लें और छोटे-छोटे टुकड़े सिल या चकले पर कर लें। भुने मखाने हलका-सा दबाव पड़ते ही आसानी से टूट जाते हैं। किशमिश या चने के बराबर छोटे टुकड़े कर लें।

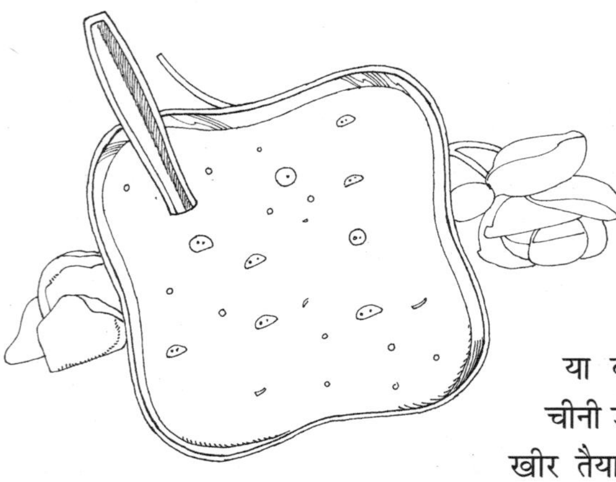

दूध में उबाल दें, गरम दूध में मखाने डालकर पकाएं। मखानों में उबाल आ जाने पर आंच हलकी कर दें, ढंकें नहीं। बीच-बीच में चलाते रहें। हलका गाढ़ा होने पर उतार लें। अब उसमें अंदाज से चीनी या बूरा मिला दें। करीब डेढ़ कलछी चीनी डालें। कटे मेवा भी बुरक दें। स्वादिष्ट खीर तैयार है।

24. धनिये का कसार

सामग्री–

- **धनिया** : **100 ग्राम**
- **शक्कर या बूरा** : **100 ग्राम**

विधि–

अच्छा नया धनिया लें जिसका रंग हरा होता है। धनिये को ठीक से चुनकर साफ करें। फिर धनिये को कड़ाही में डालकर सूखा ही भून लें। भुन जाने पर धनिया निकाल लें और गरम-गरम ही कूट लें। न ज्यादा बारीक, न बहुत मोटा।

धनिया कुट जाने पर उसमें इच्छानुसार चाहें तो बूरा या शक्कर मिला दें। बूरा या शक्कर मिलाने से पहले बूरा/शक्कर को भी ठीक से साफ कर लें।

यह धनिये का कसार प्रसाद के काम आता है। खास तौर पर कटे खीरे के साथ खाने पर अच्छा लगता है। प्रसाद के लिए कटे फलों– केला, अंगूर, सेब, संतरा, खीरा के साथ इसको लिया जाता है।

25. चरणामृत

इसके लिए कच्चा गाय का दूध लेते हैं। पाव भर दूध में थोड़ा गंगाजल मिलाते हैं। फिर इसमें तुलसी के आठ-दस पत्ते, एक-दो छोटा चम्मच शहद, आधा छोटा चम्मच शुद्ध घी, एक छोटा चम्मच ताजी जमी दही मिलाकर चरणामृत तैयार करते हैं। यह चरणामृत पूजा से कुछ देर पहले ही मिलाकर रखते हैं। खासतौर से दही हाथ के हाथ ही तभी डालते हैं।

गाय का दूध तो स्वयं मीठा होता है। पर यदि और मीठा बनाना चाहें तो थोड़ा शहद और डाल दें या हलका-सा बूरा डाल दें।

26. चौलाई के लड्डू

सामग्री–

✦ चौलाई	: 500 ग्राम
✦ गुड़	: 400 ग्राम
✦ पानी	: करीब 200 ग्राम

विधि–

चौलाई को फटक कर, चुनकर ठीक से साफ कर लें। धोकर सुखा लें। कड़ाही में थोड़ी-थोड़ी चौलाई डालकर सूखी भून लें। हलकी सुनहरी होने तक मध्यम आंच पर भूनें। चौलाई पट-पट कर फूलकर उड़ती है। अत: या तो मोटे कपड़े की पोटली-सी बांधकर उससे चलाते रहें या हलका ढकना ऊपर से ढककर पलटे से चला लें, जिससे उड़कर इधर-उधर नहीं फैले। सभी चौलाई इसी तरह भून लें।

कड़ाही में करीब दो सौ ग्राम पानी डालकर गुड़ को तोड़कर ठीक से पकाएं, खूब पकने दें, गुड़ की गाढ़ी चाशनी बनाएं। चाशनी बनने पर सारी कड़ाही खूब झाग से भर जाएगी। चाशनी बन जाने पर आंच से उतार लें। अब चौलाई डालकर चाशनी में ठीक से मिला लें। पलटे से अच्छी तरह से चला लें। खूब चलाएं, इतना कि पलटे के पीछे-पीछे चाशनी मिली चौलाई घूमने लगती है। अब चलाना बंद कर दें। हाथ को हलका पानी से गीला कर थोड़ा-थोड़ा मिश्रण उठाकर इच्छानुसार छोटे या बड़े लड्डू बनाकर रखते जाएं। स्वादिष्ट लड्डू बन जाएंगे।

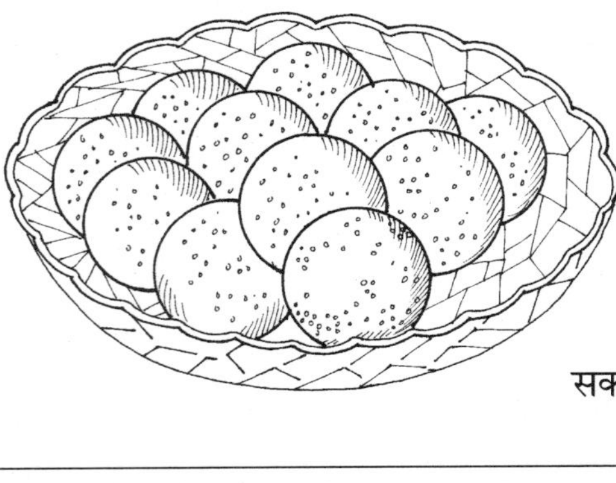

इन लड्डुओं को ऐसे ही खा सकते हैं या दूध में डालकर भी खा सकते हैं। कटोरे में गरम दूध लें और कॉर्नफ्लैक्स की जगह इन लड्डुओं को डालकर खाएं।

यदि गुड़ न डालना चाहें तो चीनी के भी इसी प्रकार से लड्डू बनाए जा सकते हैं।

27. आलू का हलवा

सामग्री–

- ✦ उबले आलू : 250 ग्राम
- ✦ शुद्ध घी : 15 ग्राम (1 बड़ा चम्मच)
- ✦ चीनी : 20 ग्राम (2 बड़ा चम्मच)

विधि–

आलुओं को अच्छी तरह से धोकर छिलके सहित उबालें। पानी से गरम-गरम ही निकाल लें। पानी नहीं रहे। सूखे हाथों से छीलकर गरम-गरम ही मसल लें। कांटे की सहायता से अच्छी तरह मसल लें। घी गरम करें और उसमें मसले हुए आलू डालकर भूनें। थोड़ा भूनने के बाद चीनी डालें व हलका-सा पानी का भी छींटा दे दें। धीमी आंच पर भूनें। बीच-बीच में चलाते रहें। करीब पंद्रह-बीस मिनट भुनने में लगेगा। स्वादिष्ट आलू का हलवा तैयार है।

इसमें कोई मेवा डालने की आवश्यकता नहीं है। यह ऐसे ही अच्छा लगेगा। फिर भी यदि चाहें तो हलका-सा बादाम, पिस्ते की हवाइयां ऊपर से बुरक सकते हैं।

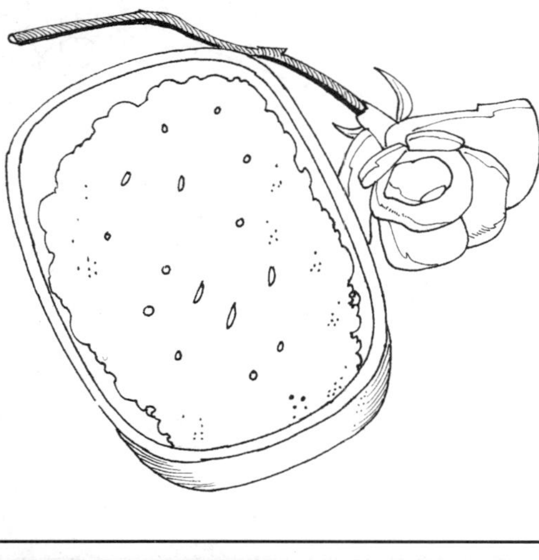

28. कलाकंद

सामग्री–

- ✦ खोया : 250 ग्राम
- ✦ चीनी : 250 ग्राम

विधि–

खोया थोड़ा-सा भूनें। चीनी में सौ ग्राम या आधा कटोरी पानी डालकर दो तार की चाशनी बना लें। चाशनी बनाकर आंच बंद कर दें। इस चाशनी में खोया डालकर चलाएं। चलाते रहें, जब ठंडा होने को आए तो चिकनी थाली में जमा दें। थाली को पहले ही घी का हाथ लगाकर चिकना करके रखें।

जमने पर बर्फी की तरह काट लें। यह दानेदार होता है।

29. जवें

सामग्री–

✦ जवें (सेंवई) घर की टूटी हुई	:	100 ग्राम
✦ दूध	:	1 किलो
✦ चीनी	:	स्वादानुसार
✦ शुद्ध घी	:	आधा चम्मच
✦ सूखे मेवे	:	थोड़ी किशमिश, इलायची, बादाम इच्छानुसार

विधि–

जवें को थोड़ा शुद्ध घी डालकर हलका गुलाबी होने तक भून लें। दूध को उबालकर गरम करें। उबाल आने पर आग धीमी कर दें और दस-पंद्रह मिनट धीमी आंच पर पकाएं। हलका गाढ़ा होने पर चीनी मिलाकर उतार लें। इच्छानुसार मेवे बुरक दें। स्वादिष्ट जवें तैयार हैं।

नोट–*घर के टूटे जवें न हों तो बाजार से सेंवई का पैकेट ले सकते हैं। घर में आटा-सूजी मिलाकर जवें हाथ से तैयार किए जा सकते हैं। फिर घर में दो-तीन दिन सुखाकर रख लें। इसके बाद काम में लें।*

30. मूंग की दाल के लड्डू

ये दशहरे पर बनाए जाते हैं। इसका भोग लगाया जाता है। दही में लौकी डालकर जमाई जाती है। लौकी को कद्दूकस करके निचोड़कर दूध में मिलाकर दही जमाते हैं। इस दही के साथ ये लड्डू दिए जाते हैं।

सामग्री–

- **मूंग की दाल (धुली)** : **1 कटोरी**
- **चीनी** : **1 कटोरी**
- **देशी घी** : **आधी-पौनी कटोरी**
- **सूजी** : **1 चम्मच**

विधि–

मूंग की दाल (धुली हुई) चुनकर, साफ करके धोकर भिगो दें। दो-तीन घंटा भीगने के बाद पानी निकाल लें। दाल को पीस लें।

कड़ाही धोकर पोंछ लें। थोड़ा घी कड़ाही में डालें, थोड़ा दाल में मिला दें। घी मिली दाल ठंडी कड़ाही में डालें। कड़ाही आंच पर चढ़ाकर हलकी आंच में बादामी रंग की दाल भून लें। दाल में एक चम्मच सूजी भी मिला देने से दाल कड़ाही में चिपकेगी नहीं। दाल में व ठंडी कड़ाही में घी डाल देने से भी दाल चिपकती नहीं और भूनने में आसानी रहती है।

बादामी भुन जाने पर दाल निकाल लें। घी अंदाज से डालते हैं। जिसमें दाल अच्छी सी भुन जाए और घी पूरा खप जाए, अंदाज से देख लें।

आधी कटोरी पानी डालकर एक कटोरी चीनी की दो-तीन तार की चाशनी बनाएं। चाशनी आंच से उतार लें। इसमें भुनी हुई मूंग की दाल डालें और चलाते जाएं। जब जमने लायक हो जाए तब हाथ के सहारे छोटे-छोटे लड्डू बना लें।

31. मूंग की दाल के लड्डू खोये के साथ

सामग्री–

- ✦ मूंग की दाल (धुली) : 1 कटोरी
- ✦ चीनी : 1 कटोरी
- ✦ देशी घी : आधी-पौनी कटोरी
- ✦ खोया : आधी कटोरी

विधि–

खोये को कड़ाही में डालकर गुलाबी होने तक भूनें। खोया भूनकर निकाल लें। मूंग की दाल साफ करके पानी में भिगो दें। दो-तीन घंटे भीगने के बाद दाल को पानी से निकाल कर पीस लें।

थोड़ा घी सूखी कड़ाही में डालें। थोड़ा घी मूंगदाल में मिलाएं। मूंगदाल में एक चम्मच सूजी भी मिला दें। मूंगदाल घी लगी कड़ाही में डालकर हलकी आंच पर बादामी रंग होने तक भूनें। दाल भुन जाने पर निकाल लें।

आधी कटोरी पानी डालकर एक कटोरी चीनी की दो-तीन तार की कड़ी चाशनी बनाएं। चाशनी आंच से उतार लें। भुनी मूंगदाल डालें और चलाते जाएं। जब जमने लायक हो जाए तो उसमें भुना खोया डालकर मिला दें और हाथ के सहारे छोटे-छोटे लड्डू बना लें।

32. मूंग की दाल की बर्फी

मूंग की दाल के लड्डू की तरह ही बर्फी भी बनती है। इसके लिए चाशनी में दाल मिलाने के बाद जब जमने लायक जो जाए तो चिकनी थाली में मूंग की दाल की बर्फी जमा दें। थाली को घी का हाथ लगाकर चिकना कर लें, तब मिश्रण डालें।

33. पाउडर मिल्क के रसगुल्ले

सामग्री–

- पाउडर मिल्क : 6 बड़ा चम्मच भरकर
- मैदा : 6 बड़ा चम्मच
- बेकिंग पाउडर : आधा छोटा चम्मच
- घी : 1 बड़ा चम्मच मोयन के लिए
- दही : थोड़ी-सी, अंदाज से
- घी तलने के लिए : अंदाज से

सामग्री चाशनी के लिए–

- चीनी : 1 कप (150 ग्राम)
- पानी : 3 कप (आधा लीटर)

विधि–

पाउडर मिल्क में मैदा अच्छी तरह से मिला लें। एक छोटा चम्मच घी पिघलाकर मिला लें। अच्छी तरह मसल लें। दही से इसको गूंध लें। दही अंदाज से लेनी है। आटा ढीला रहेगा, सख्त नहीं रहेगा। इस आटे की छोटी-छोटी रसगुल्ले के आकार की गोली बना लें। घी हलका गरम करके थोड़ी-थोड़ी गोली एक बार में डालकर हलका गुलाबी होने तक हलकी आंच में तलें। एक तरफ सिंकने पर दूसरी तरफ हलका-सा पलटें। सिंकने के बाद चाशनी में डालते जाएं। चाशनी पहले से ही बनाकर तैयार कर लें। रसगुल्ले सिंकने पर फूलकर बड़े हो जाएंगे।

चाशनी–

एक कप चीनी में तीन कप पानी डालकर एक तार की हलकी चाशनी बनाएं। चाशनी में डालने पर रसगुल्ले थोड़ा और फूलेंगे। इन्हें चाशनी में पड़ा रहने दें। एक घंटे में इनमें रस भर जाएगा। रसगुल्ले ठंडी चाशनी में डालें, इससे वे टूटेंगे नहीं।

स्वादिष्ट रसगुल्ले तैयार हैं। इन्हें गरम-गरम खाइए।

34. खोये के रसगुल्ले

सामग्री–

- ✦ खोया : 500 ग्राम
- ✦ सूजी : 100 ग्राम
- ✦ मैदा : 100 ग्राम
- ✦ दूध : आधा कप
- ✦ बेकिंग पाउडर : चौथाई छोटा चम्मच (एक चुटकी भर)
- ✦ घी तलने के लिए : अंदाज से

सामग्री चाशनी के लिए–

- ✦ चीनी : 3 कप (करीब 500 ग्राम)
- ✦ पानी : 9 कप (करीब डेढ़ लीटर)

विधि–

खोये को कद्दू कस कर लें या हाथ से फेंट लें। इसमें सूजी, मैदा व बेकिंग पाउडर मिलाकर फेंटें। दूध धीरे-धीरे डालते हुए मिश्रण को नरम कर लें। इनकी छोटी-छोटी गोली रसगुल्ले के लिए बनाएं।

पानी में चीनी मिलाकर एक तार की चाशनी बनाकर अलग रख लें।

अब कड़ाही में घी डालकर गरम करें। उसमें छह-सात गोली एक बार में डालें। हलकी आंच पर गुलाबी/लाल होने तक सेंकें। सिंकने पर गोलियां फूलकर बड़ी हो जाएंगी। इन्हें चाशनी में डालते जाएं। सब गोलियां इसी तरह सेंक लें और चाशनी में डालते जाएं। चाशनी में ही पड़ी रहने दें। फूलकर रसगुल्ले बन जाएंगे।

नोट–*ठंडी चाशनी में रसगुल्ले डालें। इससे वे फटेंगे नहीं।*

35. पनीर के लाल रसगुल्ले

सामग्री–

- पनीर : 250 ग्राम
- मैदा : 125 ग्राम
- सूजी : 125 ग्राम
- घी तलने के लिए : अंदाज से

सामग्री चाशनी के लिए–

- चीनी : 500 ग्राम
- पानी : करीब डेढ़ किलो

विधि–

पनीर, मैदा व सूजी को अच्छी तरह मिला लें। छोटी-छोटी गोलियां इच्छानुसार बना लें। गोलियों के अंदर यदि चाहें तो किशमिश और पिसी हुई इलायची थोड़ी भर सकते हैं। चीनी की एक तार की चाशनी बनाकर रखें।

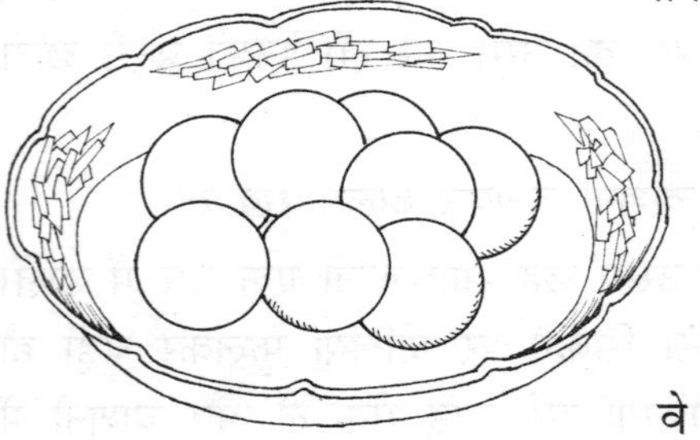

कड़ाही में घी चढ़ाएं, हलका गरम होने पर हलकी आंच में गुलाबी/लाल होने तक रसगुल्लों को तल लें। तलकर बाहर निकालें और चाशनी में डालते जाएं।

ठंडी चाशनी में रसगुल्ले डालें, इससे वे फटेंगे नहीं।

36. सफेद रसगुल्ले (बंगाली रसगुल्ले)

टिप्पणी–*ये छेने के बनते हैं। इनको बनाने के लिए गाय का ताजा दूध सर्वोत्तम है। छेना फाड़ने के लिए गाय के एक किलो दूध को उबालें। एक कटोरी में एक नीबू का रस निचोड़ कर एक चाय का चम्मच पानी मिलाकर रखें। दूध में उबाल आते ही नीबू का रस उसमें डाल दें। गैस बंद कर दें। दूध फट जाएगा। तीन-चार मिनट उसी में पड़ा*

रहने दें। छेना फटकर ऊपर आ जाएगा। साफ पानी नीचे रह जाएगा। इस छेने को निकालकर साफ कपड़े में बांधकर एक घंटे के लिए लटका दें। सब पानी निचुड़ जाएगा। टोंड मिल्क का भी छेना फाड़ा जा सकता है। एक घंटे बाद कपड़े से छेने को निकाल लें। रसगुल्ला बनाने के लिए यह छेना इस्तेमाल करें।

छेना फाड़ने के लिए नीबू के स्थान पर छेने का बासी (दो-तीन दिन पुराना) पानी भी इस्तेमाल कर सकते हैं। कम से कम आधा किलो पानी लें और उबलते दूध में डालें।

सामग्री–

- **दूध का छेना : 1 किलो**
- **चीनी : 350 ग्राम (करीब दो कप)**
- **पानी : 1½ लीटर (करीब आठ कप) (अंदाजन एक कप चीनी और चार कप पानी)**
- **अरारोट : 10 ग्राम (एक चम्मच)**

विधि–

छेने को हाथ से अच्छी तरह मसलें कि थोड़ा फूल जाए और एक सार हो जाए। मसलने के बाद आधा चाय का चम्मच चीनी इसमें मिला दें। अच्छी तरह मिलाकर इसकी छोटी-छोटी गोलियां बनाएं।

भगौने में पानी, चीनी डालें और चीनी घुलनें दें। एक ही उबाल आने पर उसमें छेने की गोलियां डालते जाएं। एक-एक करके सभी गोलियां डाल दें। भगौने को ढक दें। आंच थोड़ी तेज रखें जिससे भाप ठीक से बने। दो-तीन मिनट बाद ढक्कन खोलकर थोड़ा पानी का छींटा दें। फिर ढक दें। इसी तरह एक-दो बार करें। इस तरह करीब पंद्रह मिनट पकाएं। इसके बाद आग से उतार लें। थोड़ा पानी का छींटा

दें और रसगुल्लों को खुला छोड़ दें। ठंडा होने दें। ठंडे होने पर रसगुल्ले खाएं।

नोट–

1. *छेने को मसलते समय यदि चाहें तो एक बड़ी चम्मच लेविल अरारोट मिला सकते हैं, पर यह जरूरी नहीं है।*
2. *ये रसगुल्ले प्रेशर कुकर में भी बनाए जा सकते हैं, पर इसके लिए प्रेशर कुकर की सीटी निकाल दें। बिना सीटी के ही ढकना ढकें और करीब 10 मिनट तक आंच में पकाएं। पकने पर ढकना खोलकर ठंडा होने दें।*

   स्वादिष्ट रसगुल्ले तैयार हैं।

37. छेने का रसगुल्ला (दूसरी विधि)

सामग्री–

- **दूध : 1 लीटर**
- **साइट्रिक एसिड : आधा छोटा चम्मच**
- **चीनी : 1 छोटा चम्मच**
- **सूजी : 1 छोटा चम्मच**
- **चीनी : 2 कटोरी चाशनी के लिए**
- **पानी चाशनी के लिए : 8 कटोरी**

विधि–

एक किलो दूध उबलने के लिए चढ़ाएं। उबलते हुए दूध में साइट्रिक एसिड आधी कटोरी पानी में घोलकर दूध में डालने से दूध फट जाएगा। छेने को कपड़े में बांधकर बिना दबाए लटका दें। करीब एक घंटा छेने को बंधा रहने दें, सब पानी धीरे-धीरे निचुड़ जाएगा।

इसके बाद छेने को कपड़े से निकाल लें। छेने में एक छोटा चम्मच चीनी एवं एक चम्मच सूजी मिलाकर अच्छी तरह मसल कर बिल्कुल चिकना कर लें ताकि घी चमक जाए।

अब दो कटोरी चीनी और आठ कटोरी पानी कुकर में डालें। चीनी जब पानी में घुल जाए तो छेने की गोलियां बनाकर उसमें डाल दीजिए। कुकर में सीटी लगा दें। सीटी बज जाए तो धीमा कर सात मिनट तक रख लें, इसके बाद कुकर खुलने पर रसगुल्ले ठंडे होने दें।

38. छेने का सफेद रसगुल्ला (तीसरी विधि)

सामग्री–

- ✦ दूध : **1 लीटर**
- ✦ पनीर का पानी : **आधी कटोरी दूध फाड़ने के लिए**
- ✦ मैदा : **आधा बड़ी चम्मच**
- ✦ चीनी : **1 कप**
- ✦ पानी : **3 कप**
- ✦ इलायची : **4, इच्छानुसार**

नोट*–*12–14 रसगुल्ले बनेंगे।

विधि–

दूध फाड़कर छलनी में डालकर पानी निकाल लें। यह पनीर नरम व गीलापन लिए होना चाहिए। सूखा नहीं होना चाहिए।

इस पनीर को मैदा डालकर अच्छी तरह मसल लें, फिर गोले बनाएं और इनके बीच में पिसी हुई इलायची और थोड़ी चीनी दबाते जाएं।

चीनी में पानी मिलाकर उबालें। इसके ठीक से उबलने पर इसमें एक–एक करके गोले डालते जाएं। बर्तन को ढककर थोड़ी तेज आंच पर पंद्रह–बीस मिनट पकाएं। बीच–बीच में पानी के छींटे देते रहें। पकने पर खुला रखें। ठंडा होने पर परोसिए।

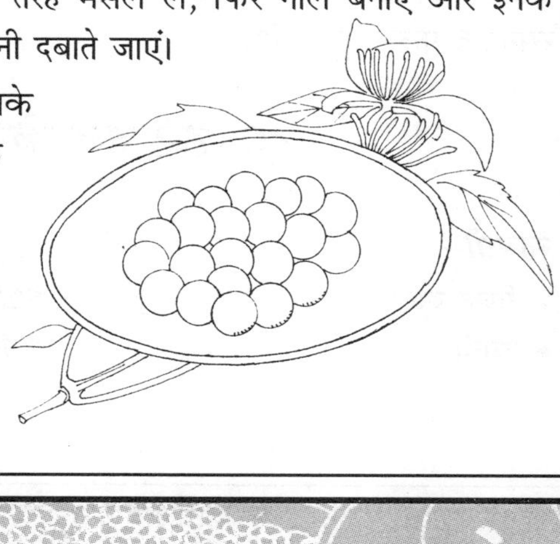

39. छेने के रसगुल्ले (चौथी विधि)

सामग्री–

- दूध : 1 लीटर
- चीनी : डेढ़ कटोरी
- पानी : 4 कटोरी
- सोडा : एक चुटकी (आवश्यकतानुसार)

नोट–*दूध फट गया हो तो छेना छान लीजिए, या दूध फटा न हो तो दूध छेने का पानी डालकर फाड़ लीजिए। फटे छेने को दो बार पानी से धो लीजिए। फिर एक साफ मलमल के कपड़े पर छेने का पानी अच्छी तरह सुखा लीजिए।*

विधि–

एक छोटा चम्मच चीनी बारीक पीस लीजिए। पिसी चीनी छेने में मिला दीजिए। छेने को हाथ से मसल लीजिए। छेना नरम होना चाहिए, नहीं तो फट जाएगा। यदि छेना नरम न हो तो थोड़ा-सा सोडा डालकर मसल सकते हैं।

अच्छी तरह मसलने के बाद छेने की बारह गोलियां बना लीजिए।

पानी में डेढ़ कटोरी चीनी डालकर तेज आंच पर उबालिए। जैसे ही पानी उबल जाए, उसमें छेने की गोलियां डाल दीजिए। फिर उसे ढक दीजिए। दस मिनट पकाइए, उसके बाद खोलकर ठंडे पानी का छींटा दीजिए। ठंडा होने पर इस तरह के बारह रसगुल्ले फूले-फूले होंगे।

40. हरे चने के गुलाब जामुन

सामग्री–

- छिले हुए हरे चने : 500 ग्राम
- चीनी : 1 किलो

- घी : 250 ग्राम
- किशमिश : 25 ग्राम

विधि–

हरे चने को सिल पर बारीक पीसकर अच्छी तरह फेंट लीजिए। एक किशमिश बीच में रखकर छोटी टिकिया बनाकर कड़ाही में घी डालकर तल लीजिए।

चीनी की दो तार की चाशनी बनाएं और तलकर गुलाब जामुन उसमें डालते जाएं। थोड़ी देर बाद जब गुलाब जामुन अच्छी तरह रस से भर जाए तो निकाल लें।

41. शकरकंद के गुलाब जामुन

सामग्री–

- शकरकंद अच्छी लाल वाली : आधा किलो
- शक्कर : 1 किलो
- घी : 250 ग्राम
- किशमिश : 25 ग्राम

विधि–

शकरकंद को अच्छी तरह धोकर उबाल लीजिए। उबालकर पानी से निकाल लीजिए और गरम-गरम ही छील लीजिए। गरम-गरम ही कांटे से मसल लीजिए। अच्छी तरह हाथ से फेंटकर नरम आटा जैसे बना लीजिए।

छोटी-छोटी गोली बनाकर गुलाब जामुन का आकार दे दें। एक किशमिश बीच में रखकर कड़ाही में घी डालकर हलकी आंच पर तल लीजिए।

चीनी की दो तार की चाशनी बनाइए। गुलाब जामुन तल-तलकर इसी चाशनी में डालते जाइए। थोड़ी देर बाद जब गुलाब जामुन अच्छी तरह से रस पी ले तो निकाल लें।

स्वादिष्ट गुलाब जामुन तैयार है।

42. फटे दूध की गुलाब जामुन

सामग्री–

- फटा हुआ दूध : आधा लीटर या साढ़े तीन कप
- मैदा : 3 बड़ा चम्मच
- सोडा : चौथाई छोटा चम्मच
- इलायची के दाने, पिस्ते : थोड़े से
- घी तलने के लिए : अंदाज से
- चीनी : 1 कप
- पानी : 1 कप

विधि–

फटे हुए दूध को धीमी आंच पर पकने दें। जब थोड़ा सा पानी रह जाए, पतीली को आग से उतारकर ठंडी होने दें। सोडा व मैदा इसमें मिलाकर मुलायम मिश्रण तैयार करें। इस मिश्रण की छोटी गोलियां बनाएं और प्रत्येक के बीच एक पिस्ता और दो-तीन दाने इलायची के रखकर गुलाब जामुन बनाएं।

घी गरम करके गुलाब जामुन तल लें। चीनी में पानी मिलाकर कुछ देर उबालें और पतली चाशनी बना लें। इसमें गुलाब जामुन डाल दें। दो मिनट पकने दें। फिर उतार लें। गुलाब जामुन तैयार है।

43. रसमलाई

सामग्री–

- दूध : 1 लीटर (छेना बनाने के लिए)
- नीबू : 1
- पानी : 4 कप
- चीनी : सवा कप
- दूध : 1 लीटर

- छोटी इलायची : 4-5 पीसकर
- बादाम : 10-12 हवाई कतरे हुए
- पिस्ते : 10-12 हवाई कतरे हुए
- केसर : 2-3 लच्छे

विधि–

एक लीटर दूध का छेना फाड़ें। करीब सवा सौ ग्राम या थोड़ा ज्यादा छेना हो जाएगा। छेना फाड़ने के लिए दूध में उबाल दें। उबलते दूध में एक नीबू का रस निचोड़ दें। गैस बंद कर दें। अच्छा हो कि नीबू का रस पहले ही निचोड़कर एक चम्मच पानी में मिलाकर रख लें। यही नीबू का रस उबलते दूध में डाल दें। छेना बन जाएगा, रोटी की तरह फैलकर ऊपर आ जाएगा। चार-पांच मिनट उसे ऐसे ही पड़ा रहने दें। फिर पानी से निकालकर एक साफ मलमल के कपड़े में हलके से बांधकर लटका दें। उसके एक घंटे बाद निकाल लें।

छेने को हाथ से मसलकर एक सार कर लें। मसलने से छेना फूलकर नरम हो जाएगा। छेने की छोटी-छोटी 12 से 14 गोलियां बना लें। उन्हें हाथ से दबाकर चपटा करके (करीब एक इंच व्यास की) अलग रख दें। अब एक लीटर दूध में आधा कप चीनी डालकर उबाल लें। दूध को थोड़ा गाढ़ा होने दें। हलकी आंच पर इतना गाढ़ा करें कि दूध घटकर करीब दो तिहाई रह जाए। उसमें पिसी इलायची, कतरे हुए बादाम, पिस्ता मिला दें। थोड़ा केसर के लच्छे दूध में घोलकर मिला दें।

एक पतीले/भगौने में चार कप पानी और पौना कप चीनी उबलने के लिए रखें। उबल जाने पर उसमें छेने की गोलियां पकने के लिए एक-एक करके हलके से डालें। इसके ऊपर स्टील की जाली की छलनी ढक दें या कोई ढकना ढकें जिससे हलकी भाप निकलती रहे। बारह-पंद्रह मिनट तक मध्यम से तेज आंच पर पकाएं। हाथ से दबाकर देख लें, यदि रसमलाई स्पंजी है तो ठीक से पक गई है।

हलके हाथ से पानी की चाशनी से रसमलाई बाहर निकाल लें। रसमलाई से पानी दबाकर निकाल दें। अब रसमलाई को तैयार दूध में डालें। और दो-तीन मिनट उबालकर उतार लें। खोलकर ठंडा होने के लिए रख दें। चाहें तो फ्रिज में तीन-चार घंटे ठंडी होने के लिए रख दें। फिर परोसें।

टिप्पणी–*छेना गाय के दूध का ज्यादा अच्छा रहता है। नरम और ताजा छेना अच्छा रहता है।*

44. गोंद के लड्डू

सामग्री–

✦ शुद्ध घी	: 800 ग्राम
✦ आटा	: 800 ग्राम
✦ गोंद	: 150 ग्राम
✦ खरबूजे की गिरी	: 150 ग्राम
✦ कटी हुई बादाम की गिरी	: 150 ग्राम
✦ कुटी हुई दक्षिणी सफेद मिर्च	: 1 चम्मच (करीब 25 ग्राम)
✦ बूरा	: 600-650 ग्राम

विधि–

पहले घी गरम कर लीजिए, फिर उसमें आटा डालकर भूनिए। आटा भुन जाने पर उसी में पहले गोंद डालिए, फिर खरबूजे की गिरी डालिए, फिर बादाम की कटी हुई गिरी डालिए, फिर सबके चटकने पर उतार लीजिए। फिर पांच-सात मिनट तक थोड़ा ठंडा होने दीजिए। ठंडा होने पर बूरा कुटी हुई दक्षिणी मिर्च मिला दीजिए और अच्छी तरह मसलकर लड्डू बांध लीजिए।

दो किलो आटे में डेढ़ किलो बूरा पड़ जाता है। यह लड्डू नवप्रसूता को देने के लिए बनाया जा सकता है।

एक किलो आटे के लड्डू की सामग्री का अंदाज निम्न प्रकार है–

एक किलो आटा

एक किलो घी

200 ग्राम गोंद

200 ग्राम खरबूजे की गिरी

200 ग्राम बादाम काटकर

750 ग्राम बूरा

25 ग्राम दक्षिणी सफेद मिर्च कुटी हुई (करीब एक चम्मच)।

45. आटे के लड्डू

सामग्री–

- **आटा** : **1 किलो**
- **सूजी** : **250 ग्राम**
- **खरबूजे की गिरी** : **थोड़ी सी**
- **मखाना** : **2-4**
- **बादाम** : **थोड़े से**
- **खांड/बूरा** : **1 किलो**
- **शुद्ध घी** : **800 ग्राम या अधिक**

विधि–

इसमें बेसन के लड्डुओं से ज्यादा घी पड़ता है। खूब अच्छे से घी डालकर आटा भूनें। ऐसा हो जाए जैसा कि सूजी के हलवे के लिए घी डालकर भूनते हैं। आटे में ही खरबूजे की गिरी, मखाना दो-चार पीस करके, बादाम काटकर डाल दें। भुनने पर आंच से उतारकर निकाल लें। बराबर की खांड डालकर लड्डू बना लीजिए। लड्डू बनाकर डिब्बे में रख लें। ताजे बने रहेंगे।

ये लड्डू आठ-दस दिनों तक खराब नहीं होते और खाने में स्वादिष्ट होते हैं।

46. मुरमुरे के लड्डू

नोट—*मुरमुरे को फरही, लाई या मूढ़ी भी कहते हैं। ये ताजे भुने हुए कुरकुरे होने चाहिए। यदि कुरकुरे नहीं हैं, तो सूखी कड़ाही में सूखा भूनकर कुरकुरे कर लें। ध्यान रहे कि ताजी भुनी मूढ़ी के लड्डू ज्यादा अच्छे बनते हैं। मूढ़ी (मुरमुरों) को फटक कर, चुनकर तैयार कर लें। धूप के समय ये लड्डू ज्यादा अच्छे बनते हैं, सीलते नहीं, चिपकते नहीं। यह बिहार की मिठाई है, जो बच्चों को बहुत ज्यादा पसंद आती है। बड़े टिन (कनस्तर) में थोड़े मुरमुरों के साथ इन लड्डुओं को दबाकर रखने पर जाड़े के समय महीने भर तक खराब नहीं होते।*

सामग्री—

- **मुरमुरे (मूढ़ी) : 1 किलो**
- **गुड़ : 500 ग्राम**
- **अदरक बारीक काटकर या पीसकर : 50 ग्राम (ऐच्छिक)**

विधि—

करीब पाव भर पानी डालकर कड़ाही चढ़ाएं। इसमें आधा किलो गुड़ तोड़कर डालें। इसकी तीन तार की कड़ी चाशनी बनाएं। जब चाशनी तैयार हो जाए तो उसमें अदरक डालकर उतार लें।

एक थाली में थोड़ी सूखी मूढ़ी अलग फैलाकर रखें, लड्डुओं पर लपेटने के लिए। शेष मूढ़ी को तैयार चाशनी में डालते जाएं और चलाते जाएं। मूढ़ी के लड्डू बनाने के लिए हाथ में तेल या पानी को हलका-सा लगाएं और उसके सहारे गरम मूढ़ी के लड्डू बनाते जाएं और अलग रखी सूखी मूढ़ी में डालते जाएं। ठंडा होने पर खाएं। इन लड्डुओं

को सूखी मूढ़ी में लपेटकर किसी टिन या डिब्बे में रखें। इससे काफी दिनों तक ताजे व कुरकुरे बने रहेंगे। ये खाने में स्वादिष्ट होते हैं।

बनाने की दूसरी विधि–

थोड़ी मूढ़ी को लड्डुओं पर लपेटने के लिए अलग फैलाकर रख दें। बाकी सब मूढ़ी को एक सूखी परात में रखें। पहले बताई गई विधि से चाशनी तैयार हो जाने पर कड़ाही से कलछी से चाशनी निकालकर मूढ़ी पर डालें और जल्दी-जल्दी चलाएं। जब ठीक से मिल जाए और मूढ़ी की गोली-सी बनने लगे या एक के पीछे एक मूढ़ी चिपकते हुए एक दिशा में दौड़ने लगे तो हाथ में हलका पानी/तेल लगाकर उसके सहारे गरम मूढ़ी के लड्डू बनाते जाएं तथा थाली या पेपर पर फैलाकर रखी हुई मूढ़ी पर डालते जाएं। ठंडे होने पर बड़े डिब्बे/कनस्तर में मूढ़ी की परतों के बीच लड्डू दबाकर रखते जाएं। इससे सीलन नहीं आएगी। काफी समय तक स्वादिष्ट व कुरकुरे बने रहेंगे।

47. बेसन के लड्डू

सामग्री–

- **बेसन** : **आधा किलो**
- **घी** : **250 ग्राम/300 ग्राम**
- **खांड/बूरा** : **400 ग्राम**
- **छोटी इलायची** : **10-12 पिसी हुई**
- **बादाम** : **100 ग्राम कटे हुए**

विधि–

बेसन को कड़ाही में घी पिघलाकर भून लें। हलका बादामी रंग का होने तक भूनें। भूनने के बाद गैस बंद कर दें। गरम बेसन में ही पांच मिनट पहले कटे बादाम डाल देने चाहिए जिससे वे भी बेसन के साथ भुन जाएं। बेसन भूनते समय बीच में दो-चार बार

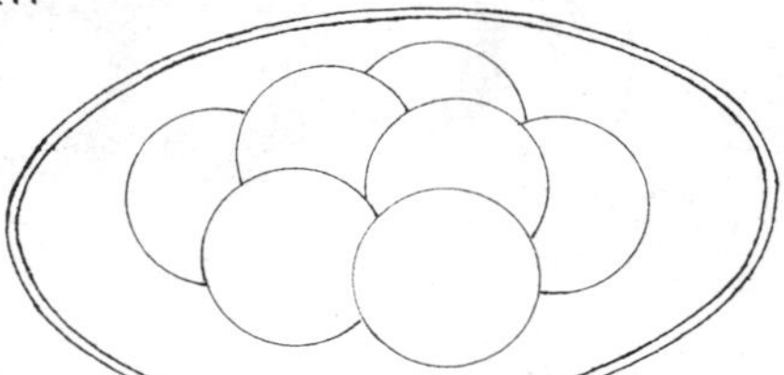

पानी के छींटे मारें। इससे बेसन अच्छा दरदरा भुनता है। बेसन भुन जाने के बाद कड़ाही नीचे उतार लें।

अब गरम बेसन में ही चीनी व इलायची की बुकनी डाल दें। अच्छी तरह चलाएं। जरा-सा ठंडा होने पर पानी का हाथ लगाकर गरम-गरम बेसन के लड्डू बांध लें। आधा किलो में करीब तीस लड्डू बन जाएंगे।

ये लड्डू दस-बारह दिन तक बने रहते हैं और खाने में स्वादिष्ट होते हैं।

48. गाजर के लड्डू

टिप्पणी–*इसे आग पर पकाने की जरूरत नहीं है।*

सामग्री–

- **गाजर बारीक कद्दूकस की हुई : 2 कटोरी**
- **खजूर खूब बारीक कटे हुए : 3 कटोरी**
- **सूखे नारियल का चूरा : 1 कटोरी**
- **कुटी हुई इलायची : स्वादानुसार**
- **कच्चा (गीला) नारियल कद्दूकस किया हुआ : स्वादानुसार**

विधि–

कसी गाजर, नारियल का चूरा व खजूर के कटे टुकड़ों को खूब अच्छी तरह मिला दीजिए। जैसे आटा बनता है। अब इनके लड्डू बना लीजिए। ताजे नारियल को कद्दूकस कर लो। लड्डू बनाने पर इनको ताजे नारियल पर घुमा दीजिए। ताजा नारियल लपेट देने पर ये सुंदर भी लगेंगे और खाने में स्वादिष्ट भी।

49. पात के लड्डू

सामग्री–

✦ भुने चने का आटा	: 500 ग्राम
✦ गुड़	: 500 ग्राम से थोड़ा कम
✦ शुद्ध घी	: 1 कलछी

विधि–

भुने चने के आटे को घी में भूनना नहीं है। गुड़ की डेढ़ तार की चाशनी की पात बनाएं। पात में एक कलछी घी डालें और फिर भुने चने का आटा उसमें मिला दें।

गरम-गरम लड्डू बांध लें। हाथ में हलका-सा पानी लगाकर लड्डू बना सकते हैं।

50. मूंगफली के लड्डू

सामग्री–

✦ मूंगफली साबुत	: 250 ग्राम
✦ नैनी साबूदाना	: 50 ग्राम
✦ सफेद तिल भुने हुए	: 1 कटोरी
✦ नारियल का चूरा	: 2 छोटा चम्मच
✦ गुड़	: 250 ग्राम
✦ दूध	: थोड़ा सा
✦ ग्लूकोज	: थोड़ा सा

विधि–

दूध में गुड़ डालें धीरे-धीरे गुड़ की चाशनी हो जाएगी। गुड़ का तार प्लेट में डालें और वह ठंडा होने पर टूटने लगे तो समझें चाशनी तैयार है।

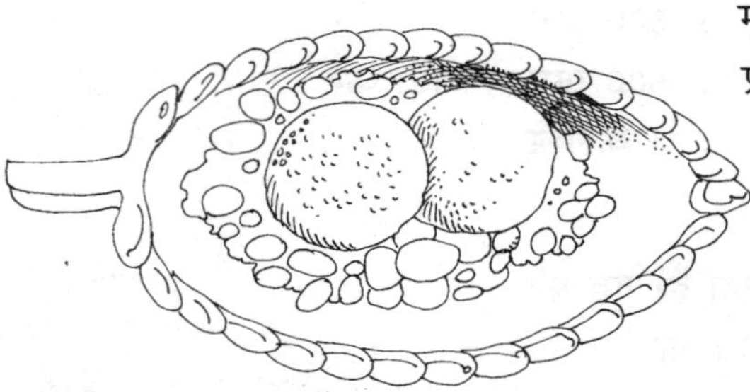

मूंगफली व साबूदाने को पहले ही फ्राई करके तैयार रखें।

तैयार चाशनी में सब चीजें मिला दें। फिर थोड़ा ग्लूकोज मिलाकर लड्डू बांध लें।

51. पोस्तादाने के लड्डू

सामग्री–

- पोस्तादाना : 250 ग्राम
- चीनी : 400 ग्राम
- काजू : 50 ग्राम
- नारियल (कसा हुआ) : 50 ग्राम
- किशमिश, चिरौंजी : 25 ग्राम
- घी : 100 ग्राम

विधि–

काजू बारीक करके काट लें। नारियल कस लें। चिरौंजी व किशमिश साफ कर लें।

पोस्तादाने को पानी में भिगो दें। पांच-छह घंटे भीगने के बाद निकाल लें और सिल पर पीस लें।

कड़ाही मे घी डालकर इसे धीमी आंच पर गुलाबी होने तक भूनें। मेवे इसमें मिला दें। आंच से उतार लें।

चीनी की दो तार की चाशनी थोड़ा पानी डालकर बनाएं। इसमें सब सामग्री डालकर अच्छी तरह से चलाएं। कुछ ठंडा होने पर लड्डू बना लें।

52. बूंदी (मोतीचूर) के लड्डू

सामग्री–

- बेसन : 1 किलो
- चीनी : ढाई किलो
- इलायची दाना : थोड़ा सा
- खरबूजे की गिरी : थोड़ी सी, सूखी भूनकर
- घी तलने के लिए : अंदाज से

विधि–

एक किलो बेसन में थोड़ा पानी डालकर गाढ़ा घोल लीजिए तथा बारीक पोनी (छेदों वाली छलनी) से बूंदी तोड़कर घी में तल लीजिए और चाशनी में छोड़ते जाएं। यह चाशनी ढाई किलो चीनी की एक तार वाली हो।

जब बूंदी फूल जाए तो चाशनी से बाहर निकालकर बर्तन में रखते जाइए। जब उसका ढीलापन दूर हो जाए तो लड्डू बांध लीजिए।

यदि इच्छा हो तो इलायची दाना व खरबूजे की गिरी भूनकर इसमें मिला दें।

53. छेने के लड्डू

सामग्री–

- दूध : 1 लीटर
- नीबू का रस छेना फाड़ने के लिए : 1
- पिसी चीनी : छेने के बराबर
- छोटी इलायची : 2-3 पिसी हुई

विधि–

दूध को उबलने के लिए रखें। जब उबलने लगे तो नीबू का रस डाल दें और गैस बंद कर दें। छेना अच्छे से फट जाएगा। चार-पांच मिनट छेने को ऐसे ही छोड़ दें। फिर पानी से निकालकर साफ नरम कपड़े में बांधकर एक घंटे के लिए लटका दें, जिससे सारा पानी सूख जाए। एक किलो दूध में सवा सौ ग्राम से दो सौ ग्राम तक छेना निकल आता है।

पानी निकले छेने में पिसी चीनी मिलाकर अच्छी तरह से मसल लीजिए। इसमें पिसी इलायची मिला दीजिए। गोल-गोल छोटे लड्डू बांध लीजिए। ताजे-ताजे खाइए या फ्रिज में रखकर ठंडा-ठंडा उसी रोज खाइए।

54. बादाम-काजू की बर्फी

सामग्री–

- **ग्रेट किए हुए काजू : 3 कप**
- **चीनी : 1 कप**
- **बादाम की एसेंस : 2-3 बूंद**

विधि–

ग्रेटर में काजू को ग्रेट करके तीन कप चूरा कर लें। यदि ग्रेटर नहीं है तो मिक्सी में काजू को डालकर मोटा-मोटा पीस लें।

एक कप चीनी की दो तार की चाशनी बना लें। चीनी की चाशनी में काजू का चूरा डाल लें। इसमें दो बूंद बादाम की एसेंस डाल लें। चलाकर फौरन उतार लें। अच्छी तरह चलाकर चूरा मिला लें।

थाली उलटी करके उसको घी का हलका-सा हाथ लगाकर चिकनी कर लें। उतारने के बाद उलटी थाली पर काजू का मिश्रण डालकर फैला लें। बेलन से बेलकर एक-सार कर लें। चांदी का वर्क इच्छानुसार चिपका दें। चाकू से बर्फी का आकार देकर काट लें।

स्वादिष्ट बर्फी तैयार है। बादाम की एसेंस डालने की वजह से बादाम की सुगंध आएगी।

55. कच्चे नारियल की बर्फी

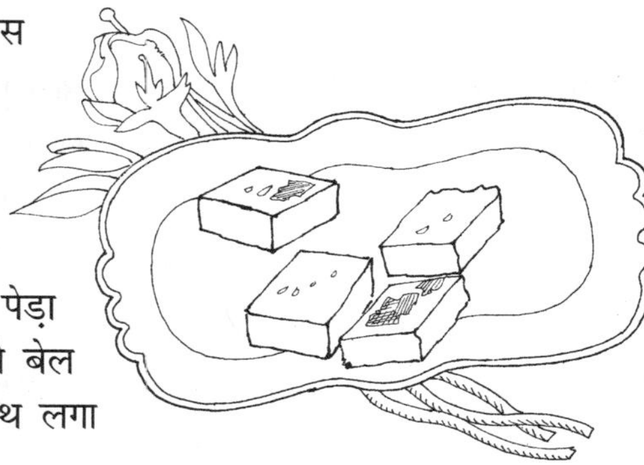

एक कच्चा नारियल लेकर कद्दू कस कर लें। नारियल को कड़ाही में हलकी आंच पर भूनें। नारियल के बराबर चीनी लेकर उसमें डालें और खूब चलाते रहें। करीब पंद्रह मिनट तक हलकी आंच पर भूनें। फिर उसका पेड़ा बनाकर थाली में घी लगाकर बेलन से बेल लें। यदि कड़ा हो जाए तो दूध का हाथ लगा दें। जमने पर बर्फी काट लें।

56. पिस्ते की बर्फी

पिस्ते को तीन-चार घंटे पानी में भिगो दें। इसके बाद पानी से बाहर निकालकर उनका छिलका छुड़ा दें और पीस लें। पिस्ते के बराबर चीनी लेकर हाथ से खूब मिलाएं। फिर कड़ाही में डालकर आग पर चढ़ा दें। पंद्रह मिनट तक हलकी आंच पर भूनें, फिर उसका पेड़ा बनाकर थाली में घी लगाकर बेलन से बेल लें। यदि कड़ा हो जाए तो दूध का हाथ लगा दें। चांदी का वर्क लगाकर बर्फी काट लें।

57. पिस्ते की बर्फी खोये के साथ

पिस्ते को भिगोकर, छीलकर पीस लें। तीन-चार घंटे भिगोए रखना पर्याप्त है। पिस्ते के बराबर चीनी लें और पिस्ते से आधा खोया। खोये को कड़ाही में डालकर हलकी आंच पर हलका गुलाबी होने तक भूनें। फिर खोये को ठंडा होने दें। चीनी की डेढ़ तार की कड़ी चाशनी बनाएं। चाशनी थोड़ी ठंडी होने पर इसमें पिस्ता डालकर, मिलाकर अच्छी तरह से चलाएं। जब जमने लायक होने लगे तो खोया मिलाकर फिर चलाएं। घी का हाथ लगी चिकनी थाली में इसे पलटकर फैला दें। बर्फी जमा दें। वर्क लगाकर बर्फी काट लें। यह बर्फी खाने में बहुत स्वादिष्ट होती है।

58. लौकी की बर्फी

सामग्री–

- ✦ लौकी : सवा किलो
- ✦ खोया : 500 ग्राम
- ✦ चीनी : 750 ग्राम
- ✦ छोटी इलायची : इच्छानुसार

विधि–

लौकी कसकर पानी में डालकर निचोड़ लें। निचोड़कर कड़ाही में रख लें, उसी में चीनी डाल दें। चीनी डालकर चूल्हे/गैस पर चढ़ा दें। कभी–कभी चलाते रहें।

खोया भूनकर अलग रख लें। लौकी में पड़ी चीनी की चाशनी बन जाए, तब उतार लें। चाशनी की पहचान यह है कि नीचे से लौकी सफेद–सी पड़ने लगे, तो नीचे उतारकर लौकी ठंडी होने दें।

जब कुछ ठंडी–सी हो जाए तो उसमें खोया मिला दें। खोया मिलाने के बाद चिकनी थाली में बर्फी जमा दें। थाली में घी का हाथ लगाकर पहले से चिकनी करके रख लें।

जमने पर बर्फी की तरह काट लें।

59. लौकी की बर्फी (दूसरी विधि)

सामग्री–

- ✦ लौकी : 1 किलो
- ✦ पानी : आधा कप (यदि लौकी सूखी है तब)
- ✦ चीनी : 700 ग्राम
- ✦ रिफाइंड तेल/घी : 4–5 चाय का चम्मच
- ✦ नारियल का चूरा : 100 ग्राम
- ✦ छोटी इलायची : 5–7 ग्राम
- ✦ हरा रंग : डेढ़ चाय का चम्मच (ऐच्छिक)

विधि–

लौकी को कद्दूकस कर लें। एक बर्तन में घी गरम करें। उसमें लौकी पकाएं। यदि जरूरत हो तो पानी डालें। जब घी की खुशबू आने लगे तो उसमें चीनी मिला दें और इसे गाढ़ा होने दें। इसमें आधा नारियल का चूरा मिला दें। इलायची पीस लें और पिसी इलायची इसमें मिला दें।

इसके बाद एक चिकनी की हुई थाली लें और लौकी के मिश्रण को इसमें फैला दें। जब यह जमने लगे तो बाकी बचे नारियल के चूरे को इसके ऊपर फैला दें। हल्की गरम रहते बर्फी के आकार में काट लें।

***नोट–**यदि रंग मिलाना है तो जब पिसी इलायची मिलाएं उसी समय रंग भी मिला दें।*

60. हरे चने की बर्फी

सामग्री–

- **छिले हुए हरे चने** : **250 ग्राम**
- **मावा (खोया)** : **100 ग्राम**
- **शक्कर** : **250 ग्राम**
- **सूखा नारियल का चूरा** : **100 ग्राम**
- **घी** : **100 ग्राम**
- **छोटी इलायची** : **4–5**

विधि–

हरे चने को सिल पर पीसकर कड़ाही में घी डालकर धीमी आंच पर सेंक लीजिए। अच्छी तरह सिंक जाए तो मावा मिला दीजिए। शक्कर को बारीक पीसकर मिला दीजिए। नारियल कद्दूकस किया हुआ मिलाकर उतार लीजिए।

इलायची को बारीक करके मिला दीजिए। थाली में घी का हाथ लगाकर थाली चिकनी करें और गरम-गरम मिश्रण को जमा दें। ठंडा होने पर चाकू से बर्फी की तरह काट लें। जम जाने पर चौकोर बर्फी के टुकड़े निकाल लें और परोसें।

61. क्रीम बर्फी

सामग्री–

- ताजी क्रीम : 1 कप
- चीनी : पौना कप
- काजू कटे हुए : 2 बड़ा चम्मच
- चांदी का वर्क सजाने के लिए : वैकल्पिक

विधि–

एक भारी तली के बर्तन में चीनी एवं क्रीम मिला लें। हलकी आंच पर गरम करें। बराबर चलाते रहें, जिससे जले नहीं। जब मिश्रण भूरे रंग का हो जाए, इसमें कटे हुए काजू मिला दें। एक थाली में डालकर फैला दें। चांदी के वर्क से सजा दें और छोटे-छोटे टुकड़े बर्फी की तरह काट लें।

62. गाजर की बर्फी

सामग्री–

- गाजर कद्दूकस की हुई : 1 किलो
- दूध : 250 मि.ली.
- खोया : 250 ग्राम
- चीनी : 250 ग्राम
- शुद्ध घी : 3 बड़ा चम्मच
- किशमिश : 20 ग्राम
- पिसी इलायची, कतरे हुए काजू, बादाम, पिस्ता : थोड़ा-थोड़ा, इच्छानुसार

विधि–

ताजी बड़ी-बड़ी लाल गाजरें लें। अच्छी तरह धोकर कस लें (ग्रेट कर लें)।

भारी कड़ाही में एक चम्मच शुद्ध घी गरम करें और कसी हुई गाजरों को भून लें।

उसे हलकी आंच पर रखकर ढककर चार-पांच मिनट पकाएं। फिर उबला हुआ गरम दूध डालें और धीमी आंच पर दूध सूखने तक पकने दें। जब दूध पूरी तरह सूख जाए तो दो चम्मच शुद्ध घी डालकर गाजर लाल होने तक भूनें। इसके बाद आंच से उतार लें।

कड़ाही में चीनी डालें, उसमें हलका पानी (आधी कटोरी के करीब) डालकर डेढ़ तार की चाशनी बनाएं। एक तार की चाशनी बन जाने पर दो-तीन उबाल और दें। अब चाशनी में पिसी इलायची, कतरे हुए बादाम, पिस्ता, काजू मिलाएं।

खोये को अलग कड़ाही में हलका गुलाबी रंग आने तक धीमी आंच में भूनकर रख लें और ठंडा कर लें।

चाशनी में पिसी इलायची और कटे मेवे डालने के बाद गाजर मिलाकर अच्छी तरह चलाएं। हलका ठंडा होने पर भुना खोया मिला दें।

घी का हाथ लगाकर थाली चिकनी कर लें। चिकनी थाली में गाजर का मिश्रण ठीक से फैला दें। ठंडा होकर जमने दें और चाकू से बर्फी के आकार की काट लें।

यह बर्फी हलकी ढीली रहती है।

63. सूजी का हलवा

सामग्री–

- **अच्छी बारीक सूजी : 1 कटोरी**
- **शुद्ध घी : 1 कटोरी**
- **चीनी : 2 कटोरी**
- **पानी : 4 कटोरी**
- **बड़ी इलायची : 3-4 (दाने दरड़ लें)**
- **बादाम : 5-6 हवाइयां कतर लें**
- **पिस्ता : 5-6 बारीक कटा, इच्छानुसार**
- **किशमिश : 15-20 इच्छानुसार**
- **नारियल कसा हुआ : 1 चम्मच (इच्छानुसार)**

विधि–

कड़ाही में घी पिघलाकर सूजी भून लें, हलकी बादामी रंगत आने तक। फिर उसमें चीनी व पानी एक साथ डाल दें। खूब तेज आंच करें व जल्दी-जल्दी चलाते रहें। जब हलवा कड़ाही छोड़ दे तो गैस बंद कर दें। आंच से उतार लें। सजाने के लिए ऊपर से बादाम, पिस्ता, किशमिश और इलायची बुरक दें। चाहें तो हलका-सा कसा हुआ नारियल भी डाल दें। गरमा-गरम परोसें।

64. सूजी का हलवा चाशनी के साथ (दूसरी विधि)

सामग्री सब सूजी के हलवे वाली लें।

विधि–

सूजी बादामी रंगत होने तक घी डालकर भून लें। उधर दूसरी कड़ाही या भगौने में चाशनी चढ़ा दें। चीनी में पानी मिलाकर एक तार की चाशनी बना लें। भुनी सूजी चाशनी में डाल दें। अच्छी तरह चलाकर आंच एकदम धीमी कर दें। कड़ाही/भगौने को ढक दें। धीरे-धीरे पानी सूख जाएगा तो उतार लें। इच्छानुसार मेवा छिड़क कर गरम-गरम परोसें।

65. सूजी का हलवा (तीसरी विधि)

1. यदि सूजी दरदरी है, ज्यादा पतली नहीं है तो सामग्री इस प्रकार है। इसमें केवल घी, सूजी, चीनी के अनुपात का फर्क है। बनाने का तरीका पहले बताए गए सूजी के हलवे की तरह ही है।

सामग्री–

- ✦ सूजी : 1 कटोरी
- ✦ घी : आधी कटोरी
- ✦ चीनी : पौना कटोरी
- ✦ पानी : 3 कटोरी

2. यदि सूजी ठीक भी है, परंतु कम घी व चीनी का हलवा बनाना चाहें, तो भी इस तरह बना सकते हैं। शेष तरीका पिछली दोनों विधि की तरह ही है।

66. सूजी का हलवा (चौथी विधि)

यदि कम घी का हलवा बनाना है और बच्चे रोज नाश्ते में सूजी के हलवे की जिद करते हैं तो आधा किलो या थोड़ी-सी सूजी सूखी ही कड़ाही में भूनकर शीशी में भरकर रख लें। सुबह सूजी का हलवा बनाते समय कड़ाही में पुनः इसे भूनकर ताजी करें एवं आधी कटोरी सूजी में एक बड़ा चम्मच घी डालकर चलाएं। फिर भुनने पर डेढ़ कटोरी पानी व आधी कटोरी से थोड़ा कम चीनी डालें और चलाते रहें। हलका ढीला रहने पर उतार लें। गरम-गरम खाने को दें। ऊपर से मेवा छिड़क दें।

नोट–*यदि कम घी का हलवा बनाना है तो चीनी भी कम पड़ेगी। कड़ाही में पहले सूजी सूखी ही भून लें, फिर थोड़ा-सा घी डालें, खुशबू के लिए। फिर चीनी व पानी डालें और ढीला उतार लें। घी, चीनी कम पड़ने पर पानी भी कम पड़ता है। सूजी से करीब तिगुना पानी पड़ेगा।*

67. पोस्तादाने का हलवा

सामग्री (एक कटोरी हलवे के लिए)–

- ✦ पोस्तादाना : 1 कलछी
- ✦ बादाम : 10-12
- ✦ घी : 1 कलछी
- ✦ चीनी : 1 कलछी
- ✦ दूध : 2 कटोरी

विधि–

पोस्तादाने को रात में पानी में भिगो दें। बादाम को भी भिगो दें। सुबह पोस्तादाने को सिल पर पीस लें। बादाम का छिलका छुड़ाकर उसे भी पीस लें। दोनों को मिला लें। कड़ाही में घी गरम करके उसमें भूरा होने तक पोस्तादाना और बादाम को भूनें। भुन जाने पर एक कलछी चीनी व दो कटोरी दूध डालें। चलाते रहें। दूध सूखने पर उतार लें। पोस्तदाना फूल जाएगा। पोस्तदाना सूजी से ज्यादा फूल जाएगा। पोस्तदाना फूलकर करीब एक कटोरी हलवा बन जाएगा।

यह हलवा खाने में स्वादिष्ट होता है और पौष्टिक होता है।

68. बेसन का हलवा

सामग्री–

- **बेसन** : **1 कटोरी**
- **घी** : **पौना कटोरी**
- **चीनी** : **1 कटोरी से थोड़ा कम**
- **पानी** : **दो-ढाई कटोरी अंदाजन**

विधि–

कड़ाही में घी गरम करके हलका गुलाबी होने तक भून लें। भुन जाने पर पानी व चीनी डालकर चलाएं। पानी इतना हो कि ठीक से चीनी घुल जानी चाहिए। इसमें पानी थोड़ा कम ही पड़ता है, क्योंकि यह सूजी से कम फूलता है। पानी सूख जाने पर कड़ाही उतार लें। हलवा तैयार है। इसमें इच्छानुसार पिसी हुई इलायची, बादाम की हवाइयां एवं किशमिश बुरक सकते हैं। गरम-गरम परोसें।

69. आटे का हलवा

सामग्री–

- ✦ आटा : 1 कटोरी
- ✦ घी : पौना कटोरी
- ✦ चीनी : 1 कटोरी से थोड़ी कम
- ✦ पानी : साढ़े तीन कटोरी

विधि–

कड़ाही में घी पिघलाकर आटा भूरा होने तक भून लें। भुन जाने पर उसमें चीनी व पानी एक साथ डालकर चलाएं और पानी सूखने पर उतार लें। इच्छानुसार पिसी इलायची, किशमिश एवं बादाम की हवाइयां, पिस्ते की हवाइयां डाल सकते हैं।

70. गाजर का हलवा

सामग्री–

- ✦ गाजर (कद्दूकस की हुई) : 1 किलो
- ✦ दूध : ढाई किलो
- ✦ चीनी : 180 ग्राम
- ✦ इलायची : 4–5
- ✦ किशमिश, बादाम, काजू, पिस्ता, अखरोट : इच्छानुसार
- ✦ घी : दो बड़ा चम्मच या इच्छानुसार (वैकल्पिक)

विधि–

अच्छी ताजी लाल गाजर बड़ी–बड़ी लें। धोकर साफ करें। उन्हें कद्दूकस करें, बीच का कड़ा गूदा सफेद रंग वाला निकाल दें।

बड़ी कड़ाही में दूध उबालें। कड़ाही मोटी तली की हो तो ठीक रहेगा। दूध में दो–तीन उबाल आने पर उसमें गाजर डाल दें। बीच–बीच में चलाते रहें। जब दूध गाढ़ा होने लगे तो लगातार चलाएं और आंच थोड़ी हलकी कर दें। दूध सूख जाने पर दो

चम्मच शुद्ध घी डालकर अच्छी तरह से भून लें। यदि घी न डालना चाहें तो बिना घी के भूनें। घी इच्छानुसार ज्यादा-कम डाल सकते हैं।

एक दूसरी कड़ाही में आधी कटोरी पानी डालकर चीनी डालें। इसकी एक तार की चाशनी बनाएं। चाशनी बन जाने पर इसमें इलायची पीस कर डालें। इच्छानुसार काजू, किशमिश वगैरह डालें। फिर गाजर का हलवा इसमें डालकर ठीक से चलाएं। अच्छी तरह से मिलाकर गैस बंद कर दें। हलवा नीचे उतार लें।

स्वादिष्ट हलवा तैयार है। गरम-गरम खाएं एवं खिलाएं। इसे दो-तीन दिन तक रखा भी जा सकता है।

नोट–*इस हलवे में भी चाहें तो सौ-डेढ़ सौ ग्राम खोया भूनकर मिला सकते हैं। चाशनी में मेवा डालने के बाद तब खोया डालें और उसके बाद भुनी गाजर मिलाएं।*

71. गाजर का हलवा (दूसरी विधि)

सामग्री–

- **गाजर (कद्दूकस की हुई) : 1 किलो**
- **दूध : 500 ग्राम या 750 ग्राम**
- **चीनी : 150 ग्राम**
- **इलायची : 6-7 पीसकर**
- **बादाम : 6-7 कटे हुए**
- **काजू : 4-5 छोटे टुकड़े या दो हिस्से में**
- **शुद्ध घी : एक बड़ा चम्मच (वैकल्पिक)**
- **किशमिश : एक छोटा चम्मच या इच्छानुसार**
- **खोया : 100 ग्राम (वैकल्पिक)**

विधि–

अच्छी ताजी लाल गाजर बड़ी-बड़ी लें। धोकर साफ करें। उन्हें कद्दूकस करें, लेकिन बीच का कड़ा गूदा (सफेद रंग वाला) निकाल दें। गाजर एक किलो से कुछ ज्यादा लें, जिससे कद्दूकस करने के बाद एक किलो रह जाए।

दूध को कड़ाही में चढ़ाकर उबालें। दो-तीन उबाल आने पर गाजर डाल दें। फिर एक उबाल आने पर आंच एकदम धीमी करके ढक दें। चलाने की जरूरत नहीं है। धीरे-धीरे आग पर पकती रहेगी। जब दूध गाढ़ा होने लगे तो गाजर चलाएं। दूध पूरा सूखने पर थोड़ी देर गाजर भूनें। यदि शुद्ध घी डालना चाहें तो इस समय डाल सकते हैं, नहीं तो ऐसे ही भूनें।

फिर दूसरी कड़ाही में आधी कटोरी पानी डालकर चीनी डालें। इसकी एक तार की चाशनी बनाएं। चाशनी बनने पर उसमें पिसी-इलायची, बादाम, काजू व किशमिश डालें। फिर पकी-भुनी गाजर डालें। थोड़ी देर अच्छी तरह चलाकर सब ठीक से मिलाकर गैस बंद कर दें। हलवा उतार लें। गरम-गरम परोसें।

यह हलवा हलका होता है, क्योंकि दूध व घी कम मात्रा में होते हैं।

नोट–*यदि चाशनी नहीं बनाना चाहें तो ऐसे ही दूध सूखने के बाद गाजरों में चीनी मिला सकते हैं। इसी में खोया यदि चाहें तो मिला सकते हैं। चीनी सूखने पर हलवा उतार लें।*

यदि खोया मिलाना है तो चाशनी बनने के बाद इलायची, बादाम वगैरह डालने के बाद खोया डालें। खोया हलका भूनकर डालें।

72. मूंग की दाल का हलवा

सामग्री–

- **मूंग की दाल (धुली) : 1 किलो**
- **चीनी : 1 किलो**
- **घी : 1 किलो**
- **खोया : 500 ग्राम**
- **सूजी : 1 बड़ा चम्मच**
- **किशमिश : 100 ग्राम**
- **बादाम, पिस्ता : इच्छानुसार**
- **काजू, इलायची : इच्छानुसार**
- **पानी : 1 लीटर से कुछ ज्यादा**

विधि–

दाल को पानी में दो घंटे के लिए भिगो दें। पानी से निकालकर मिक्सी में बारीक पीस लें। इस पीठी को आधा किलो ठंडे घी में मिलाकर कड़ाही में चढ़ा दें। सूजी भी डाल दें। जब दाल चलाने में हलकी लगने लगे तो फिर बाकी आधा किलो घी डाल दें। फिर खूब भूनें। आधा भुने में मावा (खोया) डालकर भूनें। फिर चीनी व पानी अंदाज से डालें, इसमें कम पानी पड़ता है। अच्छी तरह चलाएं। धीमी आंच पर रखा रहने दें। सभी मेवा वगैरह डालकर उतार लें। गरम–गरम परोसें।

73. हरे चने का हलवा

सामग्री–

- **छिले हुए हरे चने : 250 ग्राम**
- **घी : 250 ग्राम**
- **दूध : 100 ग्राम**
- **शक्कर : 250 ग्राम**
- **इलायची, किशमिश : इच्छानुसार**

विधि–

हरे चने को सिल पर बारीक पीस लीजिए। कड़ाही में घी डालकर धीमी आंच पर सेंकती जाइए। अच्छी तरह सिंक जाने पर दूध, शक्कर डालकर कलछी से चलाइए। एकदम फरक हो जाए तो उतारकर पिसी इलायची और किशमिश डाल दीजिए। स्वादिष्ट हरे चने का हलवा तैयार है।

74. मीठे कद्दू का हलवा

सामग्री–

- **अच्छा पका हुआ मीठा कद्दू : 1 किलो**
- **घी : 150 ग्राम**

- खोया : 250 ग्राम
- चीनी : 300 ग्राम
- सूखे मेवे, इलायची : इच्छानुसार

विधि–

अच्छा पका हुआ मीठा कद्दू लें, जिसका रंग अंदर से लाल हो गया हो। चाकू से इसके छोटे-छोटे टुकड़े काटकर उबाल लें। बीज व रेशे हटा दें। उबलने पर छिलके अलग हटा दें। गूदे को गरम-गरम ही अच्छी तरह मसल लें।

खोये को हलकी आंच पर गुलाबी भूनकर अलग निकाल लें।

मसले हुए मीठे कद्दू को डेढ़ सौ ग्राम घी में डालकर कड़ाही में भूनें। भुन जाने पर इसमें भुना खोया मिला दें।

चीनी की एक तार की चाशनी हलका पानी डालकर बनाएं। चाशनी बन जाने पर उक्त मिश्रण को चाशनी में मिला दें। सूखे मेवे व इलायची पीसकर डाल दें।

75. दलिए का हलवा

सामग्री–

- गेहूं का दलिया : 2 बड़ी कलछी
- पानी : 12 कलछी (एक कलछी दलिए में 6 कलछी पानी का अंदाज है, अर्थात् दलिए से 6 गुना पानी)
- शुद्ध घी : 1 छोटा चम्मच
- चीनी : 2 बड़ा चम्मच या स्वादानुसार
- बादाम : 4 कतरे हुए
- किशमिश : 15-20

विधि–

कड़ाही में शुद्ध घी डालकर दलिया हलका गुलाबी होने तक भून लें। बिना घी के भी भून सकते हैं, भुन जाने पर उतार लें।

कुकर में पानी चढ़ाकर दलिया डालें। वेट लगाकर प्रेशर कुकर बंद करें। एक सीटी आने पर आंच धीमी करें। करीब आठ-दस मिनट और पकाएं। गैस बंद कर दें। प्रेशर निकल जाने पर कुकर खुलने दें। इसके बाद इसमें चीनी डालकर दलिया चार-पांच मिनट पकाएं। बादाम कतर कर डाल दें। किशमिश साफ करके डालें। गाढ़ा होने पर उतार लें। गरम-गरम परोसें। हलवा खाने में स्वादिष्ट लगेगा।

76. फटे दूध का हलवा

सामग्री–

- **दूध फटा हुआ : आधा लीटर या साढ़े तीन कप**
- **चीनी : साढ़े तीन बड़ा चम्मच**
- **इलायची कुटी हुई : 1**
- **पिस्ते, काजू : थोड़े से (वैकल्पिक)**

विधि–

दूध में चीनी व इलायची डालकर धीमी आंच पर पकने दें। जब पानी सूख जाए तो कलछी से बराबर चलाएं और तेज आंच पर तब तक पकाएं जब तक कि हलवा हलके भूरे रंग का न हो जाए। कटे पिस्ते व काजू मिला दें और गरम-गरम परोसें। यदि चाहें तो फ्रिज में रखकर ठंडा करके भी परोस सकते हैं।

77. मक्के के दर्रे का हलवा

[यह खाने में पौष्टिक होता है और भुनी हुई मक्का के आटे का बनता है। इसके लिए एक-दो किलो मक्के के सूखे दाने भाड़ पर भुनवा लें। ऐसा भुनवाएं कि मक्का भुन तो जाए पर फटे नहीं। फिर उसका दर्रा आटे की चक्की पर पिसवा लें या आटा पीसने की मशीन पर पिसवा लें। दर्रा अर्थात् मोटे पिसे आटे से भी थोड़ा मोटा पिसा हुआ, यह दरदरा होता है, हलके-हलके नन्हे दाने मोटे आटे के साथ दिखाई देते हैं।]

सामग्री–

- भुने मक्के का दर्रा : 1 कटोरी
- गुड़/शक्कर : पौना कटोरी
- दूध/पानी : डेढ़ कटोरी
- शुद्ध घी : 1 बड़ा चम्मच या इच्छानुसार

विधि–

कड़ाही में शुद्ध घी डालकर मक्के का दर्रा हलका सा भूनें। फिर उसमें शक्कर एवं दूध या पानी साथ डालकर चलाएं। शक्कर घुल जाने पर उतार लें।

यह हलवा गरम-गरम खाएं, स्वादिष्ट लगेगा। यदि हलवा थोड़ा ढीला रखना चाहें तो आधी कटोरी दूध या पानी और मिला सकते हैं।

यह हलवा पांच मिनट के अंदर बन जाता है और बच्चों की फरमाइश पर तुरंत दिया जा सकता है।

नोट–*दर्रे (मोटे आटे) को एक एयरटाइट डिब्बे में संभालकर रखें एवं आवश्यकतानुसार निकालकर काम में लाएं।*

78. गन्ने के रस की खीर

सामग्री–

- गन्ने का रस : 1 लीटर
- दूध : 200 ग्राम
- चावल : 250 ग्राम
- शुद्ध घी : आधा छोटी चम्मच
- मेवा : इच्छानुसार

विधि–

खीर बनाने वाले छोटे चावल लें। चावल साफ करके धो लें। कड़ाही में आधा चम्मच शुद्ध घी डालकर चावल हलका भूनें और निकाल लें।

रस को भगौने में चढ़ाकर मध्यम आंच पर खौलाएं। झाग साफ कर दें। चावल डालकर पकाएं। उबाल आने पर धीमी आंच कर दें। चावल गलने पर उतार लें और थोड़ा ठंडा होने पर दूध मिला दें। गरम रस में मिलाने से दूध फट सकता है।

यदि चाहें तो चार-पांच पिसी इलाचयी, पांच-छह बादाम की हवाइयां, एक छोटा चम्मच किशमिश, नारियल, मेवा इसमें डाल सकते हैं।

रस खुद मीठा होता है। अतः इसमें चीनी मिलाने की आवश्यकता नहीं।

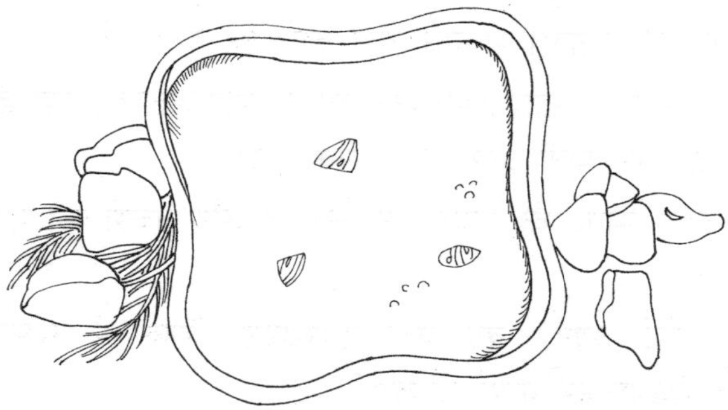

79. गाजर की खीर

सामग्री–

- **लाल गाजर कद्दू कस की हुई : 250 ग्राम**
- **दूध : आधा लीटर**
- **चीनी : 30 ग्राम या स्वादानुसार**
- **इलायची पिसी हुई : थोड़ी सी**
- **बादाम, किशमिश कटे हुए : थोड़े से**

विधि–

दूध गरम करें व तीन-चार उबाल आने पर उसमें कसी हुई गाजर डालें। धीमी आंच पर दस मिनट तक पकाएं, फिर चीनी डालें और उतार लें। यदि चाहें तो थोड़ा कटे बादाम व किशमिश डाल सकते हैं। पिसी इलायची खुशबू के लिए डाल दें।

नोट–

1. *सुबह के नाश्ते के लिए यह खीर बहुत अच्छी व पौष्टिक है। गाजर में विटामिन 'ए' होता है, जो आंखों के लिए फायदा करता है। कॉर्न फ्लैक्स या दलिये की तरह सुबह के नाश्ते में यह ली जा सकती है या भोजन के बाद स्वीट डिश की तरह भी ली जा सकती है।*
2. *गाजरों को दूध में डालने से पहले हलका-सा कड़ाही में भून भी सकते हैं।*

80. सूजी की खीर (दो कटोरी के लिए)

सामग्री–

✦ **सूजी**	: **1 बड़ी कलछी**
✦ **दूध**	: **2 कप**
✦ **पानी**	: **1 कप**
✦ **चीनी**	: **3 छोटे चम्मच या स्वादानुसार**
✦ **शुद्ध घी**	: **आधा छोटा चम्मच (वैकल्पिक)**
✦ **इलायची**	: **2**
✦ **बादाम, पिस्ता**	: **4 (दोनों)**
✦ **किशमिश**	: **1 छोटा चम्मच**

विधि–

इलायची दरड़ लें (मोटी-मोटी पीस लें)। बादाम व पिस्ते की हवाई कतर लें, किशमिश साफ कर लें। दूध उबालकर रख लें।

कड़ाही में थोड़ा सा शुद्ध घी डालकर सूजी भूनें। यदि घी नहीं डालना चाहें तो सूखी ही भून लें। मध्यम आंच पर हलकी भूनें। चार-पांच मिनट भूनें। इसके बाद उसी में एक कप पानी डाल दें और चलाते रहें। पानी थोड़ा सूखने लगे तो दो कप दूध डालकर पकाएं। बराबर चलाते रहें। चार-पांच मिनट और पकाएं। इसके बाद चीनी डाल दें और उतार लें। गैस बंद कर दें। खीर में पिसी इलायची, कतरे हुए बादाम, पिस्ते और किशमिश मिला दें। गरम-गरम खाने को दें।

नोट–*सूजी फूलकर दूध गाढ़ा हो जाता है, अतः थोड़ा पतला रहते ही उतार लेना ठीक रहता है।*

81. चावल की खीर

सामग्री–

- ✦ दूध : 1 लीटर
- ✦ चावल : 50 ग्राम
- ✦ शुद्ध घी : 1 छोटा चम्मच
- ✦ किशमिश : 15-20
- ✦ बादाम : 4-5
- ✦ पिस्ता : 4-5
- ✦ इलायची : 2-3

विधि–

यदि संभव हो तो कनी (टूटे) वाले चावल लें। चावलों को चुन-बीनकर साफ करें और पानी में धोकर थोड़ा पानी डालकर करीब आधा घंटा भीगने दें। उसके बाद चावल पानी से बाहर निकालें। पानी फेंक दें। चावल को एक थाली में फैलाकर चार-पांच मिनट रख दें। पानी सूखने दें। थोड़ा फरहरा हो जाएगा।

कड़ाही में थोड़ा शुद्ध घी (करीब एक छोटा चम्मच) डालकर चावल भूनें। चावलों को गुलाबी होने तक भूनें। भुन जाने पर निकाल लें।

दूध में उबाल दें। दो-तीन उबाल आ जाने पर उसमें चावल डाल दें और चलाएं। फिर एक उबाल आने पर आंच धीमी (सिम पर) कर दें। धीमी आंच पर खीर को पकाएं। बीच-बीच में चलाते रहें। इसी तरह पंद्रह-बीस मिनट पकाने के बाद बराबर चलाते रहें। यह ध्यान रहे कि खीर बर्तन के नीचे लगने न पाए। खीर बनाने के लिए भारी तली का बर्तन या कड़ाही लें। आंच धीमी रखने के लिए बर्तन के नीचे भारी लोहे का तवा रख सकते हैं। करीब पौना घंटा खीर पकाने में लगेंगे। जब खीर गाढ़ी होने लगे, उसमें चीनी मिला दें और तीन-चार मिनट पकने दें कि चीनी का पानी खत्म हो जाए। इसके बाद उतार लें। कतरे हुए बादाम, पिस्ता, दरड़ी हुई इलायची एवं किशमिश डाल दें। गरम-गरम खाने को दें या इच्छानुसार ठंडी करके खाएं।

82. चावल की खीर (दूसरी विधि)

सामग्री–

✦ दूध	: आधा लीटर
✦ चावल	: आधी कटोरी
✦ पानी	: 2 कटोरी
✦ चीनी	: 4 छोटा चम्मच या स्वादानुसार
✦ पिसी इलायची	: 2
✦ बादाम कतरे हुए	: 2
✦ पिस्ता कतरा हुआ	: 2
✦ किशमिश	: 1 छोटा चम्मच
✦ कटा नारियल	: थोड़ा सा (वैकल्पिक)

विधि–

चावल को चुन-बीनकर साफ करें। धोकर आधा घंटा पानी में भीगने दें। उसके बाद कुकर में चावलों को चार गुना पानी डालकर पकाएं। शुरू में आंच तेज रखें जिससे प्रेशर पूरा बन जाए। एक सीटी आ जाने पर आंच धीमी कर दें और चार-पांच मिनट पकने दें। उसके बाद उतार लें। प्रेशर निकलने दें और कुकर खुलने दें। उसके बाद कुकर खोलकर ढकना हटा दें। चावलों को अच्छी तरह कलछी से घोंट दें।

दूध में उबाल दें। उबाल देकर दूध चावलों में डाल दें। चलाते रहें जिससे चावल नीचे तली में न लगे। खीर गाढ़ी होने पर उतार लें।

चीनी का कैरेमल बना लें (अर्थात् चीनी पिघलाकर भूरे रंग की कर लें) तब खीर में मिलाएं। कैरेमल बनाने के लिए चीनी को भारी तली की कड़ाही में बिना पानी के सूखी ही धीमी आंच पर पिघलाएं। चीनी धीरे-धीरे पिघलकर तरल हो जाएगी और भूरे रंग की हो जाएगी। उसे तुरंत निकाल लें और खीर में मिला दें। खीर का रंग हलके पीलेपन पर आ जाएगा जैसा गाढ़े किए दूध का होता है। लगेगा कि खूब दूध डालकर खीर पकाई गई है। पर यह खीर कम दूध की और स्वादिष्ट होती है।

खीर बनने के बाद उस पर इच्छानुसार पिसी इलायची व मेवे बुरक दें। जैसी इच्छा हो ठंडी या गरम परोसें।

नोट–

1. *चीनी का कैरेमल बनाकर रख भी सकते हैं। इसके लिए एक कटोरी चीनी को कड़ाही में हलकी आंच में धीरे-धीरे पिघला लें। बराबर चलाते रहें। चीनी पिघलकर भूरे रंग की हो जाएगी और पानी जैसी तरल हो जाएगी। इसके बाद इसमें एक कटोरी पानी मिलाकर खौला लें। फिर आंच से उतार लें। ठंडा होने पर एक शीशी में भरकर रख लें और खीर में डालने के काम में लाएं।*
2. *चीनी की जगह खीर में ताड़ का गुड़ भी डाल सकते हैं। बिहार, बंगाल में ताड़ का गुड़ खूब मिलता है और पायस या खीर में यही डाला जाता है। खीर पक जाने पर और थोड़ी ठंडी होने पर उसमें ताड़ का गुड़ पीसकर मिलाएं। इससे भी खीर का रंग हलका पीलाई लिए हो जाएगा और खाने में भी स्वादिष्ट लगेगी।*

83. नानखटाई

सामग्री–

✦ मैदा	: **2 कप**
✦ चीनी	: **1 कप**
✦ डालडा	: **1 कप**
✦ मीठा सोडा	: **चौथाई छोटा चम्मच**
✦ बेकिंग पाउडर	: **चौथाई छोटा चम्मच**

विधि–

मैदे को छानकर उसमें मीठा सोडा व बेकिंग पाउडर मिला दें, फिर चीनी व घी मिलाकर अच्छी तरह फेंट लें। छोटी-छोटी चपटी गोली बना लें और चिकने बर्तन में बेक करने के लिए रख दें।

ओवन में बेक कर सकते हैं या फिर अंगीठी पर हलके कोयलों के ऊपर ढकी तश्तरी में नानखटाई रखकर बेक कर सकते हैं।

84. नानखटाई (दूसरी विधि)

सामग्री–

- मैदा : 250 ग्राम
- सूजी : 50 ग्राम
- बेसन : 100 ग्राम
- बूरा : 200 ग्राम
- घी : 200 ग्राम
- बेकिंग पाउडर : 1 छोटा चम्मच

विधि–

मैदे की नानखटाई की तरह ही इसका तरीका है। सब मिलाकर फेंट लें। छोटी-छोटी चपटी गोली बनाकर बेक कर लें।

85. नानखटाई (तीसरी विधि)

सामग्री–

- मैदा : 1 कप
- डालडा घी : आधा कप
- चीनी पिसी हुई : आधा कप
- दूध : 1 छोटा चम्मच
- इलायची, पिस्ता : थोड़ा-सा
- मीठा सोडा : आधा छोटा चम्मच

विधि–

जमे हुए घी और चीनी को हाथ से अच्छी तरह से मिला लें, फिर इसमें धीरे-धीरे मैदा मिला लें। इसके बाद थोड़े से दूध में मीठा सोडा मिलाकर इसमें डाल दें। फिर छोटे-छोटे गोले बनाकर चाकू से निशान लगा दें। थोड़ी-सी कुटी इलायची व कटा पिस्ता ऊपर लगा दें और बेक कर लें।

नोट–*यदि हलके पीले रंग की नानखटाई बनानी हो तो मैदे में दो छोटा चम्मच बेसन मिला सकते हैं।*

86. खजूरी

सामग्री–

✦ मैदा	:	2 कप
✦ आटा	:	2 कप
✦ शुद्ध घी	:	8 बड़ा चम्मच (मोयन के लिए)
✦ चीनी	:	1 कप
✦ इलायची दरड़ी हुई	:	5-6
✦ कटा नारियल	:	थोड़ा-सा
✦ कालीमिर्च पिसी हुई	:	7-8
✦ घी तलने के लिए	:	अंदाज से

(अंदाज–हर एक कप के लिए दो-दो बड़ा चम्मच घी पड़ेगा)

विधि–

मैदा व आटा आपस में मिला लें, घी पिघलाकर उसका मोयन डालें। आटे को अच्छी तरह मसल दें। चीनी भी उसी में मिला दें। इलायची, कटा नारियल, पिसी हुई कालीमिर्च डाल दें। हलका-सा पानी डालकर कड़ा आटा गूंध लें। छोटी-छोटी मठरी की तरह बेल लें। रिफाइंड तेल या घी में तल लें।

87. ठेकुआ (यह मिठाई बिहार में छठ पर्व पर बनाई जाती है)

सामग्री–

✦ आटा	: 500 ग्राम
✦ गुड़	: 250 ग्राम
✦ दूध या पानी	: 1 कप
✦ शुद्ध घी	: 50 ग्राम या 3 कलछी
✦ नारियल	: 1 बड़ा चम्मच (पतले-पतले छोटे टुकड़े)
✦ सौंफ	: 1 छोटा चम्मच
✦ छोटी इलायची	: 4-5 दरड़ कर
✦ घी तलने के लिए	: अंदाज से

विधि–

दूध में गुड़ पिघला कर आटे में शुद्ध घी का मोयन देकर मसलें। घी को पिघलाकर मोयन दें। फिर गुड़ मिला दूध आटे में मिलाकर आटा कड़ा गूंध लें। आटे में नारियल, सौंफ, इलायची मिला दें। आटे की करीब पच्चीस-तीस गोलियां बना लें। इन गोलियों को चाहे हाथ से दबाएं या हलका बेल लें या सांचे में रखकर दबा लें।

कड़ाही में घी गरम करें। मध्यम आंच पर ठेकुए तलकर निकाल लें। स्वादिष्ट ठेकुए तैयार हैं। ये आठ-दस दिन आसानी से डिब्बे में बंद करके रखे जा सकते हैं।

88. शक्कर पारे/मीठी सेल

सामग्री–

- आटा : **500 ग्राम**
- गुड़ या चीनी : **250 ग्राम**
- शुद्ध घी : **50 ग्राम, करीब तीन कलछी मोयन के लिए**
- सौंफ साबुत : **1 छोटा चम्मच**
- इलायची : **8-10 पिसी हुई**
- घी तलने के लिए : **अंदाज से**

विधि–

शुद्ध घी को पिघलाकर आटे में मिलाकर अच्छी तरह मसल लें, फिर हलका पानी डालकर कड़ा आटा गूंध लें (पानी करीब छह बड़ी कलछी पड़ जाएगा)।

आटे के तीन भाग करें। एक-एक भाग को लेकर चकले पर फैलाकर मोटी रोटी जैसा बेल लें। इन्हें शक्कर पारे की तरह चौकोर या सेल की तरह लंबे आकार में काट लें।

कड़ाही में घी गरम करें। मीडियम आंच पर शक्कर पारे/सेल तलकर निकाल लें। हलकी गुलाबी सुनहरी रंगत रहेगी।

गुड़ की चाशनी बनाएं। करीब आधी कटोरी पानी डालकर चाशनी बनाएं। चाशनी जब दो या तीन तार की हो जाए तो चूल्हे से उतार लें। नीचे उतारने पर चाशनी चलाएं और थोड़ी देर बाद उसमें शक्कर पारे डालकर चलाएं। ऊपर से साबुत सौंफ व इलायची का चूरा छिड़क दें। शक्कर पारे सूखे होने तक उन्हें चलाते रहें, फिर निकाल लें।

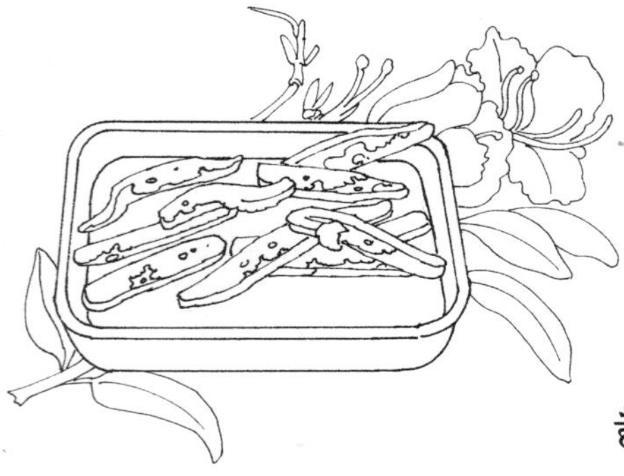

यदि बरसात का मौसम हो तो गुड़ की जगह चीनी डालें। गुड़ जाड़े में ठीक रहता है। बरसात में गुड़ चिपचिपा हो जाता है।

89. जलेबी

सामग्री–

- ✦ मैदा : आधा कप
- ✦ दही : चौथाई कप
- ✦ मीठा सोडा : एक चुटकी (अंदाज से)
- ✦ शुद्ध घी तलने के लिए : 250 ग्राम
- ✦ चीनी व पानी चाशनी के लिए : डेढ़ कप

विधि–

कड़ाही में पानी व चीनी डालकर गरम करें व एक तार की चाशनी बना लें। मैदे में सोडा अच्छी तरह से मिला लें। फिर दही से गूंधकर फेंट लें, यदि जरूरत समझें तो अंदाजन एक छोटा चम्मच दही और डाल सकते हैं।

अब जलेबी बनाने के लिए एक मोटा कपड़ा लें जिसमें बीच में हलका-सा छेद हो। छेद को चारों तरफ से काजस्टिज से मजबूत बना लें ताकि फैले नहीं। कपड़े में जलेबी का घोल डालकर पोटली-सी बनाकर रखें।

कड़ाही में करीब पाव भर घी गरम करें। घी गरम होने पर पोटली में रखे घुले मैदे को जलेबी की शेप में कड़ाही में डालते जाएं। हलकी गुलाबी सिंक जाने पर चाशनी में डुबोकर निकालते जाएं। यदि चाहें तो चाशनी में चौथाई छोटा चम्मच केसर मिला सकते हैं।

यदि दही नहीं डालना चाहें तो मैदे को पानी से गाढ़ा घोलकर पेस्ट जैसा बनाकर रख दें। सोडा चुटकी भर डाल दें और चार-छह घंटे के लिए छोड़ दें। इससे आटे में खमीर उठ जाएगा। तब जलेबी बनाएं। कपड़े की जगह प्लास्टिक के डिब्बे में छेद करके उसमें मैदे का पेस्ट भरकर उससे भी जलेबी बनाई जा सकती है।

90. मक्खनबड़ा

सामग्री–

- ✦ मैदा : 250 ग्राम
- ✦ घी : 250 ग्राम
- ✦ दूध व दही : अंदाज से
- ✦ चीनी चाशनी के लिए : 300 ग्राम
- ✦ पानी चाशनी के लिए : आधा कप

विधि–

घी पिघलाकर मैदे में डालें और खूब मसलें व फेंटें, फिर हलका-सा दूध डालकर व दही डालकर नरम-सा आटा गूंधें। इस आटे की लोई बनाकर हलका-सा बेलें और हाथ से मोड़कर मक्खनबड़े की शेप दे दें। मक्खनबड़े घी में हलकी आंच पर हलकी गुलाबी रंगत आने तक तलें। फिर चाशनी में डाल दें। करीब आधा कप पानी डालकर तीन सौ ग्राम चीनी की डेढ़ तार की चाशनी बनाएं। मक्खनबड़े चीनी में पागने के लिए डाल दें।

91. चिक्की–भुनी मूंगफली (चिनिया बादाम) के दानों की

सामग्री–

- ✦ मूंगफली : 2 कटोरी
- ✦ चीनी : 1 कटोरी
- ✦ तेल : 1 बड़ा चम्मच

विधि–

छिली कच्ची मूंगफली के दाने हों तो कड़ाही में हलकी आंच पर भून लें। उसके छिलके उतार लें। छिलका उतारकर थोड़ा-थोड़ा करके कूटें, जिससे सारे टुकड़े बराबर आएं। भुनी मूंगफली हो तो छिलके हटाकर थोड़ा-थोड़ा करके कूटें, जिससे बराबर-बराबर टुकड़े आएं।

फिर जितनी मूंगफली है उसकी आधी चीनी लें। चीनी को हलकी आंच पर पिघला लें। बिना पानी के पिघलाना है। धीमी आंच पर धीरे-धीरे भारी कड़ाही में चीनी पिघल जाएगी।

चीनी पिघलने पर उसमें डेढ़ चाय के चम्मच भर या एक बड़ा चम्मच तेल डाल दें। फिर कुटी मूंगफली डालें। चलाने के बाद तुरंत निकाल कर बेल दें। उलटी थाली पहले से ही घी का हाथ लगाकर चिकनी करके तैयार रखें। इस चिकनी उलटी थाली पर मूंगफली का मिश्रण डालकर तुरंत बेलन से बेल दें। यह सब बहुत तेजी से करना पड़ेगा। फिर जमने पर छोटे-छोटे टुकड़े काट लें। देर करने पर मूंगफली ठीक से फैल नहीं पाएगी।

***नोट**–कच्ची मूंगफली को आवन में पंद्रह मिनट रखने पर भुन जाएगी। इस तरह कड़ाही की जगह ओवन में भी इन्हें भून सकते हैं।*

92. चीनी में पागे पॉप कार्न

सामग्री–

- **पॉप कार्न** : **दो कटोरी**
- **चीनी** : **आधा कटोरी**

विधि–

चीनी को भारी कड़ाही में डालकर हलकी आंच पर पिघला लें। चीनी के पिघलते ही उसमें पॉप कार्न डालकर चलाएं। पॉप कार्न चीनी में पग जाएंगे। पॉप कार्न को अच्छी तरह से चलाकर तुरंत बाहर निकाल लें।

नोट–

1. यह मिष्टान्न दस मिनट के अंदर तैयार हो जाता है और खाने में स्वादिष्ट होता है। पॉप कॉर्न बाजार के ताजे भुने हुए ले सकते हैं या घर पर भी भून सकते हैं। कुकर में एक चम्मच घी डालकर उसमें पॉप कॉर्न के दाने डालें और कुकर का ढक्कन बिना वेट (सीटी) के बंद कर दें, तथा आंच पर रखें। आंच मध्यम से तेज रहे। दो-तीन मिनट में पॉप कॉर्न फूल जाएंगे। कुकर को हिलाते रहें जिससे पॉप कॉर्न ठीक से फूल जाएं। इसके बाद कुकर खोल कर पॉप कॉर्न निकाल लें एवं गरम-गरम पिघली चीनी में पाग दें अर्थात् चीनी में मिलाकर निकाल लें।

2. छिले हुए अखरोट भी इसी तरह पागे जा सकते हैं।

93. कुलफी

सामग्री–

- **दूध** : **आधा लीटर**
- **चीनी** : **सवा तीन बड़ा चम्मच**
- **छोटी इलायची** : **4-5**
- **कॉर्नफ्लोर** : **डेढ़ या 2 बड़ा चम्मच**
- **खोया** : **50 ग्राम, पीस कर**
- **ताजी मलाई** : **50 ग्राम**
- **पिस्ता** : **इच्छानुसार**

विधि–

दूध जब पक जाए, ठंडा कर लें। फिर ठंडे दूध में कॉर्नफ्लोर मिला दें और फिर एक-दो मिनट तक उबालें, तभी चलाते हुए चीनी डाल दें।

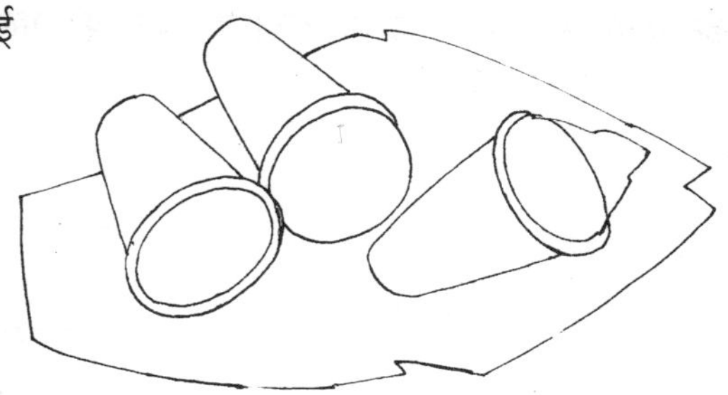

खोये को पीस लें और मलाई उसी में मिला दें। जब दूध ठंडा हो जाए तो खोया और मलाई उसी में डाल दें और खूब अच्छी तरह से मिला दें। सबको बहुत अच्छी तरह फेंटें। इसी में इलायची के दाने कूटकर और पिस्ता काटकर मिला दें।

सब मिलाने के बाद मिक्सी में डालकर ठीक से चला लें और जमने के लिए ट्रे में रख दें। जब जम जाए तो दुबारा से मिक्सी में चलाएं और फिर दुबारा जमने के लिए रखें। कुलफी बहुत अच्छी बनेगी।

94. फिरनी

यह ठंडी करके खाई जाती है और जमने के लिए छोटी-छोटी कटोरियों, मिट्टी के सकोरों या प्यालों में रखी जाती है, जिन्हें सर्व किया जा सके।

सामग्री–

- **दूध : 1 लीटर**
- **चावल का आटा : डेढ़ बड़ा चम्मच**
- **चीनी : 3 बड़ा चम्मच**
- **कटे बादाम : 2 छोटा चम्मच**
- **कटा पिस्ता : 2 छोटा चम्मच**
- **इलायची (कुटी हुई) : 2-3**

टिप्पणी–*चावल को थोड़ी देर पानी में भिगो दीजिए, फिर छाया में सूखा-सा करके सिल पर उसका आटा पीस लीजिए।*

विधि–

दूध को उबालिए, जब ठीक से उबलने लगे तो चावल का आटा मिला दीजिए। धीमी आंच पर पकाइए और लगातार चलाते रहें। दो मिनट बाद चीनी डाल दें। बादाम, पिस्ता, इलायची भी आधी-आधी डाल दें। दूध को गाढ़ा होने तक पकाइए।

पककर गाढ़ा हो जाए तो उतार लीजिए और जमने के लिए मिट्टी के सकोरों या छोटी प्यालियों, कटोरों या छोटी प्लेटों में डाल दीजिए, जिन्हें परोसा जा सके। बाकी बचे बादाम, पिस्ता, इलायची इन पर ऊपर से सजावट के लिए बुरक दीजिए।

परात में बर्फ का पानी भरकर मिट्टी के सकोरे रखे जा सकते हैं। इस तरह ठंडा किया जा सकता है या फ्रिज में रखकर ठंडा कर सकते हैं।

95. फिरनी (दूसरी विधि)

सामग्री–

- **दूध : 1 लीटर**
- **चावल का आटा : 75 ग्राम**
- **चीनी : 250 ग्राम**
- **पिस्ता : 4**
- **बादाम : 4**
- **छोटी इलायची : 4-5**
- **केवड़ा जल : 1 छोटा चम्मच**
- **चांदी का वर्क : इच्छानुसार (वैकल्पिक)**

विधि–

पिसे हुए चावल के आटे को एक कटोरी में घोलकर रख लें। दूध को उबलने के लिए रख दें। जब दूध में उबाल आ जाए तो उसमें चावल के आटे के घोल को डालते जाएं व चलाते जाएं। बराबर चलाएं जिससे गुठली नहीं पड़े। जब गाढ़ा हो जाए तो चीनी डालकर उतार लें। चीनी घुल जाने दें। इलायची पीसकर केवड़े जल के साथ मिलाकर डाल दें। थोड़ी ठंडी होने दें। फिर किसी बर्तन में रख कर कतरे हुए पिस्ते, बादाम डाल दें। चांदी का वर्क लगा दें। फ्रिज में ठंडी होने के लिए रख सकते हैं या मिट्टी के सकोरे में रख सकते हैं।

96. छेना पायस

सामग्री–

- **दूध** : **2 लीटर**
- **नीबू छेना बनाने के लिए** : **1**
- **चीनी** : **स्वादानुसार**
- **बड़ी इलायची (दरड़ी हुई)** : **दो**
- **पिस्ते (कटे हुए)** : **6-7**
- **बादाम (कटे हुए)** : **7-8**

विधि–

एक लीटर दूध में एक नीबू का रस डालकर छेना फाड़ें। उबलते दूध में नीबू का रस डालकर गैस बंद कर दें। इस छेने को नरम कपड़े में दस-पंद्रह मिनट दबाकर रखें, फिर उसको निकालकर छोटे-छोटे चौकोर टुकड़े पनीर की तरह काट लें।

पनीर की तरह टुकड़े न काटना चाहें तो छेने को मसलकर उसकी अंगूर के बराबर गोली बना लें। छेने में एक चुटकी मैदा मिलाकर भी मसल सकते हैं।

शेष बचे एक लीटर दूध को गाढ़ा करें, कि आधा लीटर दूध रह जाए। इसमें छेने के टुकड़े/गोली डालकर तीन-चार उबाल दें, फिर उतार लें। चीनी मिला दें। बड़ी इलायची, पिस्ता, बादाम बुरक दें।

नोट–*ज्यादा देर आंच पर पनीर न रखें, नहीं तो यह कड़ा हो जाता है।*

97. फुलमी

सामग्री–

- **आटा : 1 कटोरी**
- **चीनी आटे में मिलाने के लिए : 1 चम्मच**
- **चीनी चाशनी के लिए : पौना कटोरी**
- **घी तलने के लिए : अंदाज से**

विधि–

आटे में एक चम्मच चीनी मिलाकर आटा घोल लें, पकौड़ी के बेसन जैसा। उसको घी में चपटी पकौड़ी जैसी छानकर निकाल लें। आटे की छोटी चपटी पकौड़ियां बन जाएंगी। इनको चीनी की चाशनी बनाकर उसमें पाग लो। बराबर से थोड़ी कम चीनी पड़ेगी।

ये फुलमी त्योहार वगैरह पर बनती हैं। गरम-गरम खाने पर स्वादिष्ट लगती हैं।

98. पूरनपोली

(यह दक्षिण भारतीय व्यंजन है। आटे की रोटी में मीठी दाल भरकर यह बनाई जाती है और फिर घी लगाकर खाई जाती है। एक तरह से यह मीठी दाल भरी हुई रोटी है)।

सामग्री–

- गेहूं का आटा : 250 ग्राम
- मैदा : 50 ग्राम
- पानी आटा गूंधने के लिए : 1 कप
- शुद्ध घी (रोटी पर चुपड़ने के लिए) : 250 ग्राम

भरावन के लिए सामग्री–

- तुवर दाल : 500 ग्राम
- चीनी : 700 ग्राम
- जायफल : 1
- इलायची : 6
- दालचीनी के टुकड़े : 6
- पानी दाल पकाने के लिए : 4 कप

विधि–

दाल को चुन-बीनकर साफ करके धो लीजिए। जायफल, दालचीनी और इलायची को बारीक पीस लीजिए।

गेहूं के आटे में मैदा मिलाकर एक कप पानी डालकर अच्छी तरह गूंध लीजिए।

अब दाल को चार कप पानी के साथ कुकर में पका लीजिए। शुरू में तेज आंच करें। पूरा प्रेशर आ जाने पर (सीटी बजने पर) आंच मध्यम कर दीजिए और पांच मिनट दाल पकने दीजिए। इसके बाद दाल उतार कर गैस बंद कर दीजिए। कुकर का प्रेशर निकल जाने पर उसे खोलिए और दाल को कुकर में अच्छी तरह घोंट दीजिए।

अब दाल में चीनी मिलाएं और कुकर में धीमी आंच पर बिना वेट (सीटी) के पकाएं। दाल और चीनी को अच्छी तरह मिला लें और चलाते रहें। दाल को निकालकर

किसी थाली में ठंडी होने दें। ठंडी होने पर दाल में पिसा हुआ जायफल, दालचीनी और इलायची मिलाएं और दाल की बीच के साइज की गोलियां बना लें।

आटे की लोइयां बनाइए। एक-एक लोई में दाल के मिश्रण की गोली भर दीजिए और अच्छी तरह से बंद कर दीजिए।

अब पलोथन (सूखे आटे) के सहारे लोइयों को बेलकर चपाती (रोटी) बना लीजिए। तवे पर चपाती को मध्यम आंच पर दोनों तरफ से सेंक लीजिए।

पूरन पोली पर अच्छी तरह से घी लगाकर खाइए और खिलाइए।

नोट–*यह चने की दाल की भी इसी तरह बनाई जा सकती है। तुवर दाल अरहर दाल की तरह होती है।*

99. हरे चने की पूरनपोली

सामग्री–

- **छिले हुए हरे चने** : **500 ग्राम**
- **शक्कर** : **1 किलो**
- **गेहूं का आटा** : **1 किलो**
- **घी** : **250 ग्राम**
- **इलायची** : **5-6**

विधि–

हरे चने को सिलबट्टे पर बारीक-बारीक पीस लीजिए। कड़ाही में डालकर शक्कर भी डाल दीजिए। मंदी आंच पर सेंकती रहिए। जब अच्छी तरह सिंक जाए तब उतारकर छोटी इलायची बारीक पीसकर डाल दीजिए।

गेहूं के आटे को मैदे की छलनी से छान लें। थोड़ा-सा घी का मोयन लगाकर अच्छा गूंध लें। थोड़ा-सा सूखा आटा अलग रखें। आटे की छोटी-छोटी लोइयां बनाकर बीच में हरे चने का पूरन भरकर सूखा आटा लगाकर पतली रोटी की तरह बेल लीजिए और तवे पर सेंक लीजिए। उतारकर घी लगाकर गरम-गरम परोसिए।

100. मूंगफली और खजूर के रोल

सामग्री–

- **मूंगफली का बारीक चूर : 250 ग्राम**
- **खजूर के टुकड़े : 100 ग्राम**
- **शक्कर : 200 ग्राम**
- **सूखे नारियल का चूरा : थोड़ा सा**
- **सूखी खुबानी : थोड़ी सी**
- **अखरोट का चूरा : थोड़ा सा**
- **इलायची का चूरा : थोड़ा सा**
- **जायफल का चूरा : थोड़ा सा**

विधि–

शक्कर की चाशनी बनाइए। खजूर के बीज हटाकर मिक्सी में खजूर का चूरा कर लीजिए। बिना बीज वाले खजूर हों तो अच्छा है।

मूंगफली व खजूर का चूरा मिला लीजिए। इसे चाशनी में डालिए। आंच एकदम धीमी करके उसमें मूंगफली व खजूर का चूरा डालिए। बेलने लायक हो जाए तो इसमें इलायची व जायफल का पाउडर डाल दीजिए। फिर नीचे उतार कर थोड़ा ठंडा करके बेलिए।

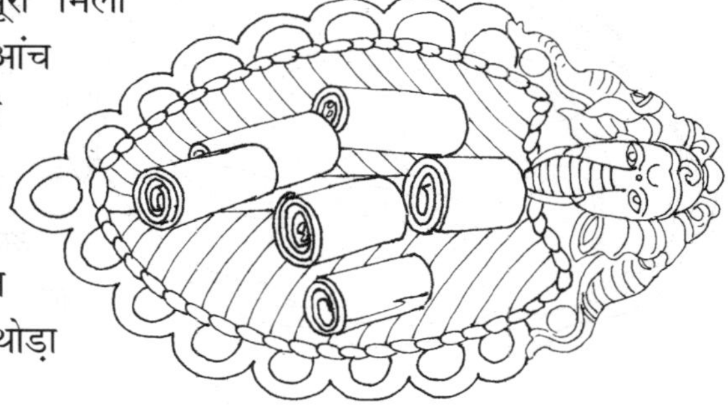

खजूर होने से इसमें शक्कर कम पड़ती है।

यदि चिपकता है तो कागज लगाकर बेलिए। नहीं चिपकता है तो ऐसे ही बेल लीजिए। बेलकर नारियल का चूरा इस पर अच्छी मात्रा में फैलाइए। फिर खुबानी एवं अखरोट का चूरा इस पर डालिए। खुबानी और अखरोट बारीक कटा भी डाल सकती हैं।

अब इसको लपेटकर इसका रोल बनाइए, थोड़ा गरम होने पर रोल अच्छी तरह बनता है। रोल बनाकर अलुमीनियम फॉयल में रखकर फ्रिज में रख दीजिए।

ठंडा होने पर रोल के छोटे-छोटे टुकड़े काट लीजिए। इन टुकड़ों को डिब्बे में भरकर एक महीने तक रख सकते हैं।

101. शाही टोस्ट

सामग्री–

- **ब्रेड (डबलरोटी)** : **4 पीस**
- **इलायची** : **2-3 पीसकर**
- **क्रीम/मलाई** : **3 बड़ा चम्मच**
- **चीनी** : **1 कटोरी**
- **पानी** : **आधी कटोरी**
- **घी तलने के लिए** : **अंदाज से**
- **केसर** : **1-2 पत्ती (ऐच्छिक)**
- **बादाम** : **2**
- **पिस्ता** : **2**

विधि–

डबलरोटी के चारों पीस को तिरछा काट लें। उसके आठ टुकड़े बन जाएंगे। भूरा किनारा काट दें।

कड़ाही में घी गरम करें। उसमें डबलरोटी के टुकड़े तलकर निकाल लें। चीनी में पानी डालकर एक

तार की चाशनी तैयार करें। इसमें इलायची के दाने कूटकर डाल दें और केसर की पत्ती को जरा से पानी में घोलकर, मसलकर इसमें मिला दें। केसर डालने से हलका पीला रंग आ जाएगा और सुगंध भी।

डबलरोटी के टुकड़े तलकर चाशनी में डुबोते जाएं और निकालते जाएं। निकालकर इन पर क्रीम/मलाई फैला दें। बादाम व पिस्ते कतरे हुए व इलायची पिसी हुई छिड़क दें। तुरंत स्वादिष्ट मिठाई तैयार है। गरम-गरम परोसें।

102. शाही टोस्ट दूध के साथ

सामग्री–

- **ब्रेड (डबलरोटी)** : **4 पीस**
- **दूध** : **250 मि.ली.**
- **चीनी** : **2 बड़े चम्मच या स्वादानुसार**
- **इलायची** : **2-3 पीसकर**
- **बादाम** : **2 हवाई काटकर**
- **पिस्ते** : **2 हवाई काटकर**
- **घी तलने के लिए** : **अंदाज से**

विधि–

चार डबलरोटी के टुकड़ों के दो हिस्से कर लें। आठ टुकड़े बन जाएंगे।

दूध को उबाल लें। दो-तीन उबाल आने पर पांच मिनट और धीमी आंच पर रहने दें। हलका गाढ़ा होने दें। फिर दूध आंच से उतार लें।

घी गरम करें। डबलरोटी के टुकड़े तलकर (डीप फ्राई करके) निकाल लें। गाढ़े किए दूध में ये तले टुकड़े डालकर दो-तीन मिनट पड़ा रहने दें। टुकड़ों पर पिसी इलाचयी, बादाम व पिस्ते बुरक दें। दूध में पड़े रहने पर टुकड़े फूलकर बड़े हो जाएंगे। इन्हें ठंडा या हलका गरम जैसी इच्छा हो परोसें।

103. डबलरोटी की गुझिया

सामग्री–

✦ ब्रेड	: 10-12 पीस
✦ दूध	: डेढ़ लीटर
✦ खोया	: 150 ग्राम
✦ नारियल, काजू, किशमिश	: थोड़ा-थोड़ा, स्वादानुसार
✦ बादाम, चिरौंजी	: थोड़ा-थोड़ा, स्वादानुसार
✦ पिस्ता, इलायची	: थोड़ा-थोड़ा, स्वादानुसार
✦ चीनी	: थोड़ी अंदाज से
✦ घी तलने के लिए	: अंदाज से

विधि–

दूध को उबाल देकर गाढ़ा कर लें। उसमें कद्दूकस किया हुआ नारियल, चिरौंजी, किशमिश, कतरे हुए बादाम, काजू, पिस्ता, पिसी छोटी इलायची आदि रुचि के अनुसार मिला दें। चीनी अंदाज से इतनी मिलाएं कि मीठा हलका रहे।

खोया हलकी आंच पर हलका गुलाबी होने तक भून लें। ठंडा कर लें। उसमें थोड़ी मेवा व थोड़ी चीनी डालकर पूर (मिश्रण) तैयार करें।

आंच पर कड़ाही में घी गरम करें। डबलरोटी के टुकड़ों को पानी में भिगोकर हथेली से दबाकर पानी निकाल दें। एक टुकड़े में थोड़ा खोया रखकर डबलरोटी मोड़कर आधी करें एवं किनारों को ठीक से दबा दें। इन गुझियों को घी में डालकर बादामी होने तक तलें और गाढ़े किए दूध में डालते जाएं। थोड़ी देर भीगने पर ये फूल जाएंगी। इन्हें ठंडी करके भी परोस सकते हैं। ठंडी करने के लिए फ्रिज में रखें। गुझियों को आधी-आधी करके भी परोस सकते हैं।

104. पागे हुए खील नारियल

सामग्री–

- खील (लाई लावा) : 250 ग्राम
- नारियल : 100 ग्राम
- गुड़ : 400 ग्राम
- घी : 1 बड़ा चम्मच

विधि–

नारियल को मोटा-मोटा कस लें। खील को साफ करके दो-तीन मिनट कड़ाही में सेंक लें जिससे नमी समाप्त हो जाए।

अब कड़ाही में घी डालें और गुड़ को तोड़कर डाल दें। कड़ाही को मंदी आंच पर रखें और गुड़ को बराबर चलाते रहें। जब गुड़ घुल जाए और झाग सी बनने लगे तो नीचे उतारकर खील और नारियल उसमें डाल दें। जल्दी-जल्दी चलाएं जिससे सभी सामग्री अच्छी तरह मिल जाए। बराबर चलाने से धीरे-धीरे खील नारियल बिखर जाएंगे। जब ठंडा हो जाए तो डिब्बे में बंद करके रखें।

जितनी जरूरत हो उतना निकालकर कटोरी या प्लेट में परोसें।

105. मीठी सेंवई

सामग्री–

- सेंवई : आधा पैकेट
- चीनी : सेंवई के बराबर से थोड़ी कम
- पानी : चीनी से दोगुना
- घी : 1 बड़ा चम्मच
- किशमिश, बादाम : इच्छानुसार
- इलायची : इच्छानुसार

विधि–

पैकेट से सेंवई निकालकर छोटे-छोटे टुकड़े कर लें। कड़ाही में घी गरम करें और सेंवई डालकर भून लें। गुलाबी/लाल रंग हो जाने तक भूनें। भुन जाने पर चीनी व पानी डालकर पका लें। जब पानी सूखने लगे तो उतार लें।

फिर इच्छानुसार मेवा, किशमिश, बादाम, इलायची वगैरह डाल दें। ठंडा या गरम जैसी इच्छा हो परोसें।

106. मैदे का मालपुआ

सामग्री–

- ✦ मैदा : 1 कटोरी
- ✦ दूध : डेढ़ कटोरी
- ✦ केला पका हुआ : 1
- ✦ खोया : 25 ग्राम (एक या डेढ़ बड़ा चम्मच)
- ✦ घी मोयन के लिए : 1 चम्मच
- ✦ चीनी : 1 कटोरी से कम
- ✦ पानी : पौना कटोरी
- ✦ घी तलने के लिए : 150 ग्राम या अंदाज से
- ✦ इलायची : 3-4 पीसकर
- ✦ नारियल के पतले टुकड़े : 1 चम्मच
- ✦ सौंफ साबुत : चौथाई छोटा चम्मच
- ✦ किशमिश : 1 चम्मच
- ✦ कतरे बादाम, पिस्ता, किशमिश, पिसी इलायची : सजाने के लिए थोड़ा-थोड़ा या इच्छानुसार

विधि–

केले को मसल लें फिर दूध में मिला दें। उसी केले मिले दूध से मैदा गूंध लें। थोड़ा मोयन मैदे में दे दीजिए। थोड़ा खोया भी भूनकर इसमें मिला दीजिए। मैदे का घोल पकौड़ी के बेसन जैसा हलका गाढ़ा रहेगा। पुए के घोल में कटा नारियल, किशमिश, सौंफ डालें और अच्छी तरह से मिला लें।

कड़ाही में घी गरम करें। हलकी आंच पर पुआ सिंकेगा। कलछी से घोल कड़ाही में डालें। एक-एक पुआ डालकर सेंकते जाएं। पुआ फैलकर चपटा हो जाएगा पूरी की तरह। इसे चाशनी में डालकर निकालते जाएं।

पहले से चीनी में पानी घोलकर एक तार की चाशनी बनाकर रखें। चाशनी में दो-एक इलायची पीसकर डालें। चाशनी ठंडी कर लें। ठंडी चाशनी में डालने से पुआ कड़ा रहेगा।

मालपुए निकालकर प्लेट में सजाएं। ऊपर से कतरे बादाम, पिस्ते व किशमिश से सजा दें। गरम-गरम खाने को दें।

107. दलिया

सामग्री–

- ✦ **दलिया** : **1 बड़ी कलछी**
- ✦ **पानी** : **6 बड़ी कलछी**
- ✦ **दूध** : **2 कप**
- ✦ **चीनी** : **3 छोटे चम्मच या स्वादानुसार**
- ✦ **किशमिश, बादाम** : **थोड़े से (वैकल्पिक)**
- ✦ **शुद्ध घी** : **आधा छोटा चम्मच**

विधि–

कड़ाही में थोड़ा शुद्ध घी डालकर दलिया चार-पांच मिनट मध्यम आंच पर भूनें। यदि घी नहीं डालना चाहें तो बिना घी के सूखा ही भूनें।

प्रेशर कुकर में छह कलछी पानी डालकर दलिया चढ़ा दें। वेट लगा दें। प्रेशर पूरा बनने के लिए आंच शुरू में तेज रखें। एक सीटी आने के बाद आंच धीमी कर दें। इसके बाद करीब आठ-दस मिनट दलिया पकने दें। उसके बाद गैस बंद कर दें। प्रेशर अपने आप निकल जाने दें। प्रेशर निकल जाने पर कुकर खुलने दें। कुकर के दलिये में दूध मिलाकर एक उबाल दें और चीनी भी मिला दें।

गरम-गरम खाने के लिए दें। इच्छानुसार एक-दो बादाम कतरे हुए, दस-बारह किशमिश यदि चाहें तो डाल सकते हैं।

108. दलिया (दूसरी विधि)

सामग्री–

- गेहूं का दलिया : 2 बड़ा चम्मच
- पानी : 2 गिलास
- चीनी : स्वादानुसार
- दूध : इच्छानुसार

विधि–

पतीली में दलिया थोड़ी देर घी, पानी के बिना सूखा भूनिए। भुन जाने पर उसमें पानी डाल दीजिए। तीन उबाल आने पर उसमें स्वादानुसार चीनी डाल दीजिए। जब दलिया भली-भांति गल जाए तो दूध डालकर एक उबाल दीजिए और उतार लीजिए।

नोट–*यदि नमकीन दलिया खाना है तो चीनी के बदले स्वादानुसार नमक डालें। गल जाने पर उतार लें। नमकीन दलिये में दूध मिलाने की आवश्यकता नहीं है।*

109. अनरसा

सामग्री–

- चावल का आटा : 1 किलो
- पिसी हुई शक्कर : 600 ग्राम
- पोस्तादाना : 600 ग्राम
- घी तलने के लिए : अंदाज से
- दूध/दही आटा गूंधने के लिए : थोड़ा सा

विधि–

चावल का आटा बनाने के लिए चावल को खूब अच्छी तरह से धो लीजिए। एक दिन पानी में भीगने दीजिए। पानी बदलकर फिर धो लीजिए। फिर छाया में फैलाकर सुखा लीजिए। चावल को कूटकर बारीक आटा बना लीजिए, जितना बारीक बना सकते हैं। चावल को पीसकर आटा बंद डिब्बे में रखते जाइए जिससे हवा लगकर आटा बिगड़े नहीं।

कुटे हुए आटे में पिसी हुई शक्कर मिला दीजिए। फिर उसे दूध या दही मिलाकर गूंध लीजिए। पूरी के आटे की तरह कड़ा बनाएं। एक थाली में पोस्तादाना फैलाकर रखिए। चावल के आटे की छोटी-छोटी लोई बनाकर पेड़े की तरह चपटाकर उसके एक ओर पोस्तादाना थाली में रखकर चिपकाएं। लोई बनाकर पोस्तादाना फैली थाली में रखते जाइए जिससे पोस्तादाना लोई पर चिपक जाए।

अब एक कड़ाही में घी गरम करें और साधारण आंच पर एक ओर से अनरसा तल लीजिए। जिस हिस्से में पोस्तादाना लगा है वह ऊपर रहेगा। अनरसे को पलटना नहीं है। झरनी से ऊपर के हिस्से में गरम-गरम घी डालिए जिससे ऊपर का भाग भी सिक जाए। गुलाबी/लाल रंगत आने पर अनरसा निकाल लीजिए।

नोट–*चावल के आटे में हलका सा मोयन भी दूध में गूंधने से पहले डाला जा सकता है। चावल के आटे को गूंधकर दस-बारह मिनट छोड़ा भी जा सकता है और फिर अनरसा बनाया जा सकता है।*

110. मीठा समोसा

सामग्री–

- **मैदा : 1 कप**
- **बर्फी, पेड़ा या कोई भी मिठाई : 5-7 पीस**
- **घी मोयन के लिए : 1 बड़ा चम्मच**
- **काजू कटे हुए : 2 बड़े चम्मच**
- **पिसी चीनी : पौना कप**
- **घी तलने के लिए : अंदाज से**

विधि–

मैदे में घी का मोयन देकर मसलें। थोड़ा पानी डालकर कड़ा आटा गूंध लें।

पेड़ा या बर्फी को तोड़कर उसमें काजू मिलाकर मसल लें और भरने के लिए मिश्रण तैयार कर लें, इसी में पिसी चीनी भी मिला दें।

आटे की छोटी-छोटी गोलियां बना लें। उनकी छोटी-छोटी पूरियां करीब साढ़े तीन इंच व्यास की बेल लें। पूरियों को मोड़कर आधी कर लें। अब एक-एक पूरी को उठाकर कोन के आकार की बना लें और उसमें एक छोटा चम्मच मीठे के मिश्रण को भरें। उसके खुले हुए किनारे अच्छी तरह से चिपका दें।

धीमी आंच में इन समोसों को घी में तल लें और सुनहरा भूरा होने पर निकाल लें।

टिप्पणी–*मिठाई की जगह इन समोसों में मीठे सेब का मिश्रण भी भरा जा सकता है। इसके लिए सेब के छिलके छुड़ाकर सेब को धीमी आंच पर गलाकर मसल लें या उबाल कर मसल लें। उसमें बराबर की चीनी मिलाकर कड़ाही में भून लें। चीनी का पानी सूख जाने पर उतार लें। खुशबू के लिए एक-दो इलायची के दाने पीसकर मिला दें। ठंडा होने पर इस मिश्रण को समोसों में भरें।*

111. बाजरे की मीठी पूरी

सामग्री–

- **बाजरे का आटा : 250 ग्राम**
- **तिल सफेद : 100 ग्राम**
- **चीनी : 250 ग्राम**
- **घी या तेल तलने के लिए : अंदाज से**
- **शुद्ध घी : एक बड़ा चम्मच मोयन के लिए**

विधि–

तिल को साफ करके कड़ाही में सूखा भून लें।

चीनी को थोड़े से पानी में घोलकर गाढ़ा शबरत बनाकर छान लें।

बाजरे के आटे में एक बड़ा चम्मच घी का मोयन डालकर अच्छी तरह मिला लें।

अब बाजरे के आटे में तिल मसलकर चीनी के शरबत से कड़ा-कड़ा गूंध लें। छोटी-छोटी लोई बनाकर चपटी कर दें।

गरम घी में धीमी आंच पर गुलाबी रंग के होने तक तल लें।

112. दूध में बना मीठा बाजरा

सामग्री–

- बाजरा : 2 कटोरी
- दूध : 5 कटोरी
- चीनी : डेढ़ कटोरी (इच्छानुसार)
- शुद्ध घी : 1 छोटा चम्मच

विधि–

साफ किया हुआ बाजरा लें। यदि बाजरा साफ नहीं है तो चुन-बीनकर धो लें और एक रात पानी में भिगो दें। सुबह पानी से निकाल लें। छाया में फैलाकर हलका सुखा लें और इमामदस्ते में हलका-हलका कूटें। इससे बाजरे की भूसी अलग हो जाएगी। फटककर भूसी अलग कर दें।

कड़ाही में शुद्ध घी डालकर बाजरे को चार-पांच मिनट धीमी आंच पर भून लें।

दूध में उबाल दें। उबले हुए दूध में बाजरा डालकर पकाएं। बाजरा डालकर एक उबाल और आने दें, फिर आंच एकदम धीमी (सिम पर) कर दें। बाजरा ढक दें, पर बीच-बीच में चलाते रहें। यह ध्यान रहे कि लगे नहीं। जब दूध सूख जाए तो उसमें चीनी डालकर मंदी आंच पर रख दें। बीच-बीच में चलाते रहें। चीनी का पानी सूखने पर उतार लें।

मीठा बाजरा तैयार है। यह अन्नकूट के त्योहार पर बनाया जाता है, जो दीपावली व गोवर्धन पूजा के बाद आता है।

113. दूध के मीठे चावल

सामग्री–

- चावल : 1 कटोरी
- चीनी : पौना कटोरी या स्वादानुसार
- दूध : 3 कटोरी

- **शुद्ध घी** : **1 छोटा चम्मच**
- **इलायची, पिस्ता, बादाम, किशमिश** : **इच्छानुसार**

विधि–

चावल को चुन-बीनकर, छानकर साफ कर लें। दो-तीन बार पानी से धो लें। धोकर थोड़े पानी में आधे घंटे के लिए भिगो दें। इसके बाद पानी हटाकर चावल निकाल लें। चावल को एक थाली में फैला दें। थोड़ी हवा लगकर पानी सूख जाएगा। चार-पांच मिनट बाद इन चावलों को शुद्ध घी में भून लें। हलका लाल होने तक भूनें।

दूध में उबाल दें। उबले दूध में भुने चावल डाल दें। एक उबाल और आने दें। आंच एकदम धीमी कर दें। चावलों को ढक दें। धीमी आंच पर पकने दें। बीच-बीच में चलाते रहें। यह ध्यान रहे कि लगे नहीं। जब चावल गल जाए और दूध सूख जाए तो उसमें चीनी डालकर ढक दें। बीच-बीच में चलाते रहें। चीनी का पानी सूखने पर उतार लें। इच्छानुसार पिसी इलायची, कतरे हुए बादाम, पिस्ते व किशमिश बुरक दें ऊपर से डाल दें।

नोट–*यदि चावल में पकते समय चीनी नहीं डालना चाहें तो ऐसे ही बिना चीनी के पका लें। बाद में बूरा या चीनी मिलाकर खा सकते हैं।*

चावलों के गलने पर चीनी डालते समय एक चम्मच शुद्ध घी भी डाल सकते हैं। इससे चावल खिले-खिले रहेंगे।

114. छेने का संदेश

सामग्री–

- **दूध** : **1 लीटर**
- **नीबू का रस दूध फाड़ने के लिए** : **1 नीबू**
- **चीनी** : **200 ग्राम**
- **किशमिश** : **25 ग्राम**
- **छोटी इलायची** : **25 ग्राम**

विधि–

दूध को उबालें। जब उबलने लगे तो दूध फाड़ने के लिए एक नीबू का रस डाल दें। गैस बंद कर दें। दूध फट जाएगा। चार-पांच मिनट ऐसे ही पड़ा रहने दें। हलका ठंडा हो जाने दें। उसके बाद छेने को छानकर नरम पतले कपड़े में कसकर बांधकर लटका दें, जिससे सारा पानी सूख जाए। करीब एक घंटे बाद छेना कपड़े से निकाल लें।

अब छेने में पिसी हुई चीनी मिलाकर एक थाली में रखकर अच्छी तरह मसल लें। खूब मसलें जिससे छेना चिकना फूला हुआ हो जाए और हलका घी सा चमकने लगे। मसलने पर छेना फूलकर नरम हो जाता है।

जब छेना और चीनी अच्छी तरह मसल जाए तो इस मिश्रण से गोल-गोल गोली बना लीजिए। बीच में हलका सा अंगूठे से दबाकर चपटा कर लीजिए और इस जगह में कुछ इलायची के दाने और एक किशमिश रख दें। इसी तरह सब संदेश बनाकर एक थाली में रखते जाएं।

अब एक बड़े पतीले/भगौने में पानी उबलने के लिए रखें। जब पानी उबलने लगे तो संदेश वाली थाली उस पर रख दें। इसको एक दूसरी थाली से ढक दें। करीब आधे घंटे तक संदेश भाप में पकने दें। बीच-बीच में खोलकर देख लें। संदेश बन जाने पर ठंडा कर लें। बर्फ में रखकर या फ्रिज में रखकर संदेश ठंडा कर सकते हैं।

नोट–*संदेश को ढोकला मेकर की थाली में रखकर भी भाप में पका सकते हैं या प्रेशर कुकर में एक बंद डिब्बे में रखकर भी भाप में पका सकते हैं। प्रेशर कुकर में पंद्रह मिनट तक रखें। प्रेशर कुकर का वेट हटा दें। शुरू में अच्छा प्रेशर बनने के लिए आंच तेज रखें, बाद में मध्यम आंच पर रखें।*

115. बिना दूध के मीठे चावल

सामग्री–

- चावल : 1 कटोरी
- पानी : ढाई कटोरी

- चीनी : पौना कटोरी
- शुद्ध घी : 2 चम्मच
- इलायची : 2-3 पीसकर
- बादाम : 4-5 पतले कतर कर
- पिस्ते : 4-5 पतले कतर कर
- हलदी : चौथाई छोटा चम्मच (वैकल्पिक)

विधि–

चावलों को चुन-बीनकर साफ कर लें। दो-तीन बार पानी से अच्छी तरह धो लें। आधा/एक घंटा पानी में भिगो दें। इसके बाद पानी से बाहर निकालकर एक थाली में चार-पांच मिनट फैलाकर रखें।

भारी तली की कड़ाही में एक चम्मच घी गरम करें। उसमें चावल हलका गुलाबी होने तक भूनें। भुन जाने पर पानी डालकर एक उबाल आने पर आंच एकदम धीमी कर दें। ढककर दस मिनट पकने दें। चावल में हलका सा पानी रहते ही चीनी डाल दें। एक चम्मच घी और थोड़ी सी हलदी डालकर धीरे से चलाकर ढक दें। धीमी-धीमी आंच पर पानी सूखने तक करीब दस मिनट और पकने दें। इसके बाद उतार लें। उस पर पिसी इलायची, कतरे बादाम, कतरे हुए पिस्ते व किशमिश डाल दें। बिना दूध के मीठे चावल तैयार हैं।

नोट–*चावलों में चीनी न डालकर, चीनी की चाशनी पकाकर भी डाली जा सकती है। इसके लिए चावलों को अच्छी तरह पानी डालकर पका लें। गलने पर उतार लें। थाली में गरम-गरम फैला दें जिससे चावल अलग-अलग हो जाए।*

फिर हलका सा पानी डालकर चीनी की चाशनी बनाएं। इसमें एक चम्मच घी, थोड़ी हलदी, पिसी इलायची डालें। इस चाशनी में चावलों को मिला दें और दो-तीन मिनट धीमी आंच पर रखकर खुला पकाएं कि चाशनी का हलका सा पानी हो तो सूख

जाए। इसके बाद चावल उतार लें। उसमें कतरे बादाम, पिस्ते व किशमिश मिला दें।

116. मीठी पूरी

(ये करवा चौथ के त्योहार पर विशेषकर बनाई जाती है)।

सामग्री–

- **आटा : 1 कप (करीब 200 ग्राम)**
- **चीनी : पौना कप पिसी हुई**
- **शुद्ध घी मोयन के लिए : 1 कलछी**
- **दूध/पानी आटा गूंधने के लिए : आधा कप**
- **घी/तेल तलने के लिए : अंदाज से**

विधि–

आटे में घी पिघलाकर मोयन दें। फिर चीनी मिला दें। आटे में थोड़ा-थोड़ा पानी या दूध डालकर आटा खूब कड़ा गूंध लें। पूरी के आटे से भी ज्यादा कड़ा हो। उसकी छोटी-छोटी लोई बनाकर पूरियां बेल लें। पूरी हलकी मोटी रहेगी।

कड़ाही में घी गरम करें। हलकी आंच पर हलकी गुलाबी/लाल होने तक सेंकें, फिर निकाल लें। गरम पूरी छूने में नरम लगेगी, पर ठंडी होने पर कुरकुरी हो जाएगी और खाने में मीठे बिस्कुट जैसी स्वादिष्ट होगी।

117. रोट

(यह हनुमान जयंती पर बनाया जाता है और हनुमान जी को भोग में चढ़ाया जाता है। इसको हनुमान रोटी भी कहते हैं। यह बहुत मोटे और बड़े बनते हैं। एक रोट ही काफी होता है)।

सामग्री–

- **आटा : 2 कटोरी**
- **गुड़, शक्कर या पिसी चीनी : डेढ़ कटोरी**
- **शुद्ध घी मोयन के लिए : 1 बड़ा चम्मच**

- **आटा गूंधने के लिए दूध/पानी : थोड़ा सा**
- **शुद्ध घी रोट सेंकने के लिए : थोड़ा सा**

विधि–

आटे में एक चम्मच घी पिघलाकर डालें। अच्छी तरह मसलें। आटे में पिसा गुड़, शक्कर या पिसी चीनी ठीक से मिला दें।

दूध या पानी हलका सा डालकर खूब कड़ा आटा गूंधे। इसके दो बड़े पेड़े बना लें। इन्हें मोटी रोटी जैसा चकले पर बेल लें। हाथ से संभालकर चिकने तवे पर डालें। एक तरफ अच्छी तरह सिंकने दें। थोड़ा घी डालें सेंकने के लिए। जब एक तरफ से सिंक जाए तो सावधानी से दूसरी तरफ पलटें और धीमी-धीमी आंच पर सेंक लें। थोड़ा घी इस तरफ भी डालें। गुलाबी/लाल होने पर उतार लें। इसी तरह दूसरा रोट भी सेंक लें।

यदि गुड़ डालना है तो गुड़ को तोड़कर पीसकर हलके से पानी/दूध में घोल लें और उससे आटा गूंधें।

नोट–*गुड़ या चीनी डालने से अपने ही खस्तापन आ जाता है, इसलिए रोट के आटे में घी कम पड़ता है।*

118. रोट के लड्डू (चूर के लड्डू)

सामग्री–

ऊपर लिखे रोट की सामग्री के अनुसार।

विधि–

ऊपर रोट के लिए लिखे तरीके से रोट का आटा बना लें।

आटे की छोटी-छोटी लोई लें। पतली-पतली छोटी रोटी बेलें और हलका घी लगाकर तवे पर उलट-पुलट कर सेंक लें। सभी रोटी इसी प्रकार बना लें। करीब दस-बारह रोटी इस प्रकार बन जाएगी।

अब इन रोटियों के छोटे-छोटे टुकड़े तोड़कर चूरा बना लें। इसे हलके हाथ से

मसल लें। इस चूरे में हलका घी डालकर व दूध का छींटा देकर छोटे-छोटे लड्डू बांध लें। इन्हें ताजे-ताजे खाएं।

119. रबड़ी (मलाई)

सामग्री–

- ✦ दूध : 1 लीटर
- ✦ अखरोट : 60 ग्राम
- ✦ बूरा/चीनी : 1 बड़ी कलछी
- ✦ इलायची : 2 पीसकर

विधि–

एक किलो दूध को उबालिए। धीमी आंच पर गाढ़ा होने दीजिए। उसके ऊपर मलाई आने लगे तो उसमें अखरोट डाल दीजिए। मलाई आए तो उसे या तो कड़ाही में ही किनारे करते जाइए या उसे उतारकर बर्तन में तह जमाइए। फिर इसी तरह मलाई आए तो उसे सरकाकर किनारों पर कर दीजिए या उतारकर बर्तन में तह जमाइए। इस तरह खूब बढ़िया मलाई आ जाएगी। जब दूध एक कटोरी के अंदाज में रह जाए तो उतार लें। इसमें एक कलछी बूरा मिलाएं और निकाली हुई मलाई भी हलके से मिला दें। इस तरह मिलाएं कि मलाई टूटे नहीं।

स्वादिष्ट रबड़ी तैयार है। इच्छानुसार इसमें एक-दो पिसी इलायची डाल सकते हैं।

120. बेसन की पंजीरी

सामग्री–

- ✦ बेसन : 2 कप
- ✦ चीनी : 2 कप
- ✦ घी : 1 कप
- ✦ पानी : 1 कप

- कतरे हुए सूखे मेवे : आधा कप
- पिसे इलायची दाने : आधा छोटा चम्मच (वैकल्पिक)

विधि–

बेसन को छानकर साफ कर लीजिए। मोटे तले की भारी कड़ाही या मोटी तली का चौड़ा बर्तन लेकर उसमें घी पिघलाइए। जब घी गरम हो जाए तो उसमें बेसन डालिए। बेसन को चलाते रहिए। बेसन भुन जाने पर लाल/बादामी रंग का हो जाए तो उसमें कतरे हुए सूखे मेवे डाल दीजिए।

चीनी को पानी में घोलकर ऊपर से बेसन में डाल दीजिए। गाढ़ा हो जाने पर उतार लीजिए और घी का हाथ लगी थाली में बेसन डालकर थाली को हिलाइए, जिससे बेसन का मिश्रण अच्छी तरह से थाली में फैल जाए। ऊपर से पिसी इलायची बुरक दें। जम जाने पर हलका गरम रहते ही बर्फी के आकार का चौकोर काट लें। थाली में घी का हाथ लगाकर पहले से ही चिकनी कर के रखें।

नोट–*चीनी की डेढ़ तार की चाशनी बनाकर तब उसमें भुना बेसन मिलाकर भी बेसन की पंजीरी जमा सकते हैं।*

121. आटे की पंजीरी

सामग्री–

- आटा : 2 कप
- चीनी : 2 कप
- घी : 1 कप
- पानी : 1 कप
- कतरे हुए सूखे मेवे : आधा कप
- पिसे इलायची दाने : आधा छोटा चम्मच (वैकल्पिक)

विधि–

आटे को छानकर साफ कर लीजिए। मोटे तले की भारी कड़ाही या मोटी तली का चौड़ा

बर्तन लेकर उसमें घी पिघलाएं। जब घी गरम हो जाए तो उसमें आटा डालें। आटे को भून लें, बराबर चलाते रहिए। दो-एक बार बीच में पानी का छींटा डाल दीजिए। आटे के हलके भूरे रंग का होने पर उसमें कतरे हुए मेवे डाल दीजिए। एक-दो मिनट और चलाकर चूल्हे (गैस) से उतार लीजिए।

चीनी में एक कप पानी मिलाकर डेढ़ तार की चाशनी बनाएं। जब एक तार की चाशनी अच्छी तरह बन जाए तो उसमें दो-तीन उबाल और दें। चाशनी नीचे उतार लें और उसमें भुना आटा डालकर जल्दी-जल्दी चलाएं।

एक थाली में घी का हाथ लगाकर थाली पहले से ही चिकनी करके रखें।

घी का हाथ लगी चिकनी थाली में आटे का मिश्रण डाल दीजिए और थाली को हिलाकर/पटककर आटे को ठीक से थाली में फैला दीजिए। ऊपर से पिसी इलायची बुरक दीजिए। जम जाने पर हलकी गरम रहते ही पंजीरी चौकोर काट लें। आटा ठंडा हो जाने पर ठीक से नहीं कटता, अत: थोड़ा गरम रहते ही पंजीरी काटें। काटकर डिब्बे में बंद करके रखें। ये भी आटे के लड्डू की तरह कुछ दिन चल जाती है। इच्छा होने पर आवश्यकतानुसार निकाल कर खाएं और खिलाएं।

122. मीठे परांठे

साधारण परांठे बनाने जैसा आटा गूंध लें। आटे में घी का हाथ लगाकर नरम करें।

हलका पलोथन (सूखा आटा) लगाकर उसके सहारे गोल परांठा बेलें। उसमें आधा छोटा चम्मच शुद्ध घी चम्मच से फैलाएं। ऊपर से दो छोटे चम्मच चीनी फैला दें। परांठे को आधा मोड़ लें। फिर हलका सा घी लगाकर चीनी फैलाएं। फिर परांठे को एक बार और आधा मोड़ लें। परांठे कीं तिकोनी शेप हो जाएगी। इस तिकोनी पेड़ी को हलका पलोथन लगाकर हलके हाथ से तिकोना परांठा बेल लें।

थोड़े गरम चिकने तवे पर परांठा डालें। आटे का रंग हलका पड़ने पर परांठा पलट लें। थोड़ी चित्ती पड़ जाए तो घी लगाकर उलट दें। दोनों तरफ से अच्छी तरह परांठा

सेंक लें हलका लाल होने तक। खस्ता मीठा परांठा तैयार है, गरम-गरम परोसें।

123. पेड़ा

सामग्री–

- **खोया (मावा)** : **1 लीटर दूध का**
- **बूरा** : **खोये के बराबर**
- **इलायची पिसी हुई** : **4-5**
- **बादाम कतरे हुए** : **4-5**
- **पिस्ता कतरा हुआ** : **4-5**

विधि–

भारी तली की कड़ाही में एक किलो दूध को उबालें, उसे पकने दें। जब हलका गाढ़ा होने लगे तो बराबर चलाते रहें और आंच धीमी कर दें। दूध का गोला सा बनने लगे तो खोया तैयार है। आंच बंद कर दें।

खोये को किसी बर्तन में निकालकर ठंडा होने के लिए रख दें। जब ठंडा होने लगे तो हाथ से अच्छी तरह से मसलें। उसे एक सार कर लें और एकदम ठंडा हो जाने पर उसमें बराबर का बूरा मिला दें।

अब उसकी छोटी-छोटी गोलियां बनाकर हाथ से दबाकर चपटी कर लें। उसके बीज में दो-चार पिसे दाने इलायची के, पिस्ते व बादाम की दो-चार हवाई सजाने के लिए लगा दें।

स्वादिष्ट पेड़ा तैयार है। यह दो दिन तक आसानी से ठहर सकता है।

124. अरवी के वरक

(यह मिठाई जन्माष्टमी के त्योहार पर मथुरा की तरफ बनाई जाती है)।

सामग्री–

- **अरवी** : **आधा किलो**

- चीनी : 250 ग्राम
- घी तलने के लिए : आवश्यकतानुसार

विधि–

अरवी को अच्छी तरह से धो लें। उसका छिलका छुड़ाकर फिर ठीक से धो लें। उसका पानी पोंछ दें। अब अरवी के लंबे रुख से पतले-पतले चिप्स काट लें। इन चिप्स को करीब आधा घंटा सूखने दें।

कड़ाही में घी गरम करें। उसमें थोड़े-थोड़े चिप्स डालकर फ्राई करें। शुरू में आग तेज रखें, फिर बाद में धीमी कर दें। चिप्स किनारे से हलके गुलाबी होने लगें तो निकाल लें। यह ध्यान रहे कि चिप्स कड़े व कुरकुरे सिंकें। यदि नरम रहें तो चीनी में पागने के बाद भी नरम रहेंगे।

अब चीनी में थोड़ा पानी (करीब दो सौ ग्राम) डालकर दो तार की चाशनी बना लें। चाशनी बन जाने पर आग से नीचे उतार लें।

चाशनी में चिप्स डालकर चीनी में पाग लें। शक्कर पारे की तरह। जब तक चीनी सूखने न लगे, चलाते रहें।

कुरकुरे अरवी के वरक तैयार हैं। इन्हें ठंडा होने पर डिब्बे में बंद करके रखें।

नोट–*चिप्स के बराबर चीनी पड़ती है। आधा किलो अरवी से करीब ढाई सौ ग्राम चिप्स तैयार होते है, तो ढाई सौ ग्राम ही चीनी डालें।*

125. कच्चे नारियल की बर्फी

सामग्री–

- कच्चा नारियल : 1 कसा-पिसा हुआ
- चीनी : नारियल से आधी
- गुलाब एसेंस : 2 बूंद (वैकल्पिक)
- चांदी का वर्क : 2-3 (वैकल्पिक)

विधि–

कच्चे नारियल का छिलका छील लीजिए। आलू छीलने वाले गोल चाकू से आसानी

से छिल जाएगा। नारियल को कद्दूकस कर लीजिए। फिर बिना पानी के मिक्सी में पीस लीजिए। कद्दूकस करने से मिक्सी में जल्दी पीस जाता है।

गिरी पाउडर से आधी मात्रा में चीनी लीजिए। एक भारी तली की कड़ाही में पिसी हुई गिरी व चीनी डालिए। कड़ाही में डालकर चलाइए। गिरी थोड़ा रस छोड़ देगी। शुरू में चलाने में हलका चलेगी लेकिन बाद में भारी चलेगी। जमने सी लगेगी। कड़ाही छोड़ने लगेगी और गोली सी बनने लगेगी। तब उतार लीजिए। एक थाली में पिसी सूखी चीनी हलकी-हलकी लगा दीजिए और फिर बर्फी उसमें पलट दीजिए। हाथ से थपथप कर ठीक से फैला दीजिए। इसके बाद दस-पंद्रह मिनट ऐसे ही छोड़ दीजिए। बर्फी ठीक से जमने दीजिए। गुलाब की ऐसेंस दो बूंद छिड़क दीजिए, उंगली में लेकर हाथ फेर दीजिए। चांदी का वर्क लगा दीजिए। बर्फी के आकार में काट लीजिए।

126. काजू का हलवा

सामग्री–

- ✦ काजू : 100 ग्राम
- ✦ किशमिश : 125 ग्राम
- ✦ शुद्ध घी : 1 बड़ा चम्मच
- ✦ दूध : करीब एक कटोरी या अंदाज से
- ✦ चीनी : 50 ग्राम या इच्छानुसार
- ✦ गुलाब जल : 1 बड़ा चम्मच

विधि–

काजू को पीस लीजिए। किशमिश को भी पीस लीजिए।

एक कड़ाही में शुद्ध घी डालकर पिसे हुए काजू, किशमिश को थोड़ा भून लीजिए। फिर दूध डाल दीजिए। चीनी भी डाल दीजिए, जब हलवा जैसा हो जाए तो उतार लीजिए। उतारते समय एक बड़ा चम्मच गुलाब-जल भी मिला दीजिए।

एक थाली को थोड़ा चिकना कीजिए और यह हलवा उसमें डालकर जमा दीजिए। छोटा-छोटा पीस निकालकर खाने के लिए दीजिए।

प्रसवोपरांत देने के मिष्टान्न

यदि सामान्य, सहज प्रसव हो तो प्रसूता को बलवर्द्धक पौष्टिक मिष्टान्न दिए जाते हैं। इनमें गोंद की पंजीरी प्रमुख है, जिसकी विधि राम नवमी एवं जन्माष्टमी पर बनने वाले मिष्टान्न के साथ दी गई है। इसमें मेवा ही मेवा है, आटा भी नहीं है। राम नवमी श्रीराम का जन्मदिन और जन्माष्टमी श्रीकृष्ण का जन्मदिन है, इसीलिए गोंद की पंजीरी का उस दिन बहुत महत्त्व है।

कुछ दिन शुरू में गोंद की पंजीरी देने के बाद गोंद के लड्डू नवप्रसूता को देने के लिए बनाए जाते हैं, जिसकी विधि अन्य विविध मिष्टान्न में दी गई है।

इसके अतिरिक्त कसार, हलदी का हलवा, जीरे का हलवा, हलदी-जीरे अदरक का हलवा भी नवप्रसूता को शक्ति देने एवं आवश्यक पोषण के लिए बनाया जाता है।

इन मिष्टान्नों को बनाने में बादाम, नारियल, चिरौंजी, किशमिश, पिस्ता, इलायची, जीरा, अजवायन, अदरक, हलदी, मखाना, खरबूजे की गिरी, गोंद का प्रयोग किया जाता है। ये सभी चीज़ें प्रसूता को शक्ति व आरोग्य देती हैं।

बादाम–इसमें कैल्सियम, तांबा, लोहा और फास्फोरस तथा पोटैशियम, मैग्नेशियम सही अनुपात में होता है। यह बलवर्द्धक है। दिमाग को ताकत देता है। याददाश्त बढ़ाता है। रक्तशुद्धि में सहायक होता है और एक उच्च कैलोरी वाला आहार है।

जीरा–यह लोहा, कैल्सियम, पोटैशियम, फास्फोरस और सोडियम में बहुत समृद्ध है। इसमें विटामिन 'ए' और 'बी' भी बहुतायत से हैं। जीरे के बीज रजस्राव को नियमित करते हैं, प्रसव में सहायता देते हैं और गुड़ के साथ लेने पर स्तनों का दूध बढ़ाते हैं। पेट, जिगर और आंखों के विकारों के लिए अच्छे होते हैं। यह अपच को दूर करता है। प्रसूति के उपरांत सेवन करने से गर्भाशय का मैल साफ हो जाता है।

कलौंजी (काला जीरा)–इसे मंगरैला भी कहते हैं। यह स्वाद में तीखी होती है। इसके भी गुण जीरे की तरह होते हैं, पर अधिक प्रभावी होती है। यह स्थूलता दूर करती है। स्तनों में दूध भी बड़ी मात्रा में बढ़ाती है। प्रसव संबंधी ज्वर को भी दूर करने में सहायक होती है।

अजवायन–यह गर्भाशय का संशोधन करती है। ज्वर मिटाती है। प्रजनन स्थान में होने वाले रोग इसके प्रयोग से नष्ट होते हैं। प्रसवोपरांत प्रसूता को एक-डेढ़ महीने

तक सादा पानी नहीं देकर अजवायन का पानी दिया जाता है जिससे पेट दर्द, खांसी या अपच नहीं हो और नसों–नाड़ियों को स्वाभाविक स्थिति में आने में मदद मिले।

हलदी–पाचन में मदद करती है। रक्त का शोधन करती है। रोगाणुरोधक (एंटीसैप्टिक) है। पेट के विकार को निकालती है। पाचक होती है। खाया–पिया पचा देती है। जिगर की खराबी दूर करती है। जुकाम, खांसी दूर करती है। छूत के रोगों से बचाती है। दिमाग को ताजगी देती है और भूख को बढ़ाती है।

नारियल–यह प्रोटीन में समृद्ध है और करीब संपूर्ण भोजन है। इसके गुणों के कारण इसे प्रत्येक पूजा, अनुष्ठान में उपयोग में लाया जाता है। नारियल को स्वर्ग का फल कहा गया है।

इलायची–दो तरह की होती है–छोटी इलायची और बड़ी इलायची। छोटी इलायची के छिलकों का रंग हरा होता है और बड़ी इलायची के छिलकों का रंग भूरा होता है। इसके दाने मिष्टान्न को सुगंधित करने के काम में आते हैं। छोटी इलायची 'मसालों की रानी' कहलाती है। बड़ी इलायची सस्ती होती है, पर छोटी इलायची की तरह ही मिष्टान्न को सुगंधित करने में प्रभावकारी है। यह आंखों की ज्योति बढ़ाती है। नसों–नाड़ियों को बल देती है और स्वास्थ्य प्रदान करती है। इसके बीज हृदय व जिगर के लिए टॉनिक का काम करते हैं।

अदरक, सोंठ–इसको औषधि के रूप में प्रयोग किया जाता है। सूखी अदरक को सोंठ कहते हैं। अदरक उदर विकारों और अपच की समस्याओं के लिए अच्छा होता है। इसकी तासीर गरम होती है।

किशमिश–सूखे हुए अंगूर किशमिश कहलाते हैं। अंगूरों में एसिड अधिक होता है, किन्तु शरीर पर उनका प्रभाव क्षारीय होता है। किशमिश में ताजे अंगूरों से आठ गुना क्षार होता है। यह शरीर से विषाक्त पदार्थ निकालने में सहायक होता है। क्षार की अधिकता यूरिक एसिड को समाप्त करने में सहायक होती है।

खरबूजे की गिरी–यह पौष्टिक एवं स्वास्थ्यवर्द्धक समझी जाती है। यह कब्ज को दूर करती है। विटामिन ए, विटामिन सी, कैल्सियम, मैग्नेसियम एवं पोटैसियम की अच्छी स्रोत है।

गोंद–यह बहुत अधिक पुष्टिकर है। इसे नवप्रसूता स्त्रियों को टॉनिक की तरह दिया जाता है एवं इससे मिष्टान्न तैयार होता है। यह विभिन्न पेड़ों जैसे–बबूल, खैर वगैरह से प्राप्त होता है। यह पानी में घुल जाता है।

चिरौंजी—इसको संस्कृत में पियाल कहते हैं और इसका बोटेनिकल नाम बुकनानिया लैटीफौलिया है। इसका वृक्ष चम्पारन, भागलपुर और पश्चिमी पहाड़ी एरिया में होता है। इसकी सुगंध पिस्ते व बादाम के बीच की है। यह रुचिकर और स्वादिष्ट होती है। यह प्यास बुझाने और ज्वर को कम करने में सहायक है। पहाड़ी जनजाति में यह बादाम के स्थान पर उपयोग में लाई जाती है।

मखाना—यह जल में होने वाला फल है। इसका वानस्पतिक नाम यूराइल है। इसके पत्ते कमल के पत्ते जैसे आकार में होते हैं, पर उससे बड़े एवं मोटाई लिए होते हैं। पत्ते एक तरफ से कांटेदार होते हैं जो चुभने वाले होते हैं। फूल बैंगनी-नीले होते हैं। यह पूर्णिया एवं दरभंगा के तालाबों में होता है। फलों को पकाकर छिलका अलग करते हैं। फल स्पंजी होता है। रोगी व दुर्बल व्यक्तियों को देने के लिए अच्छा समझा जाता है।

पिस्ता—यह भी वृक्ष से प्राप्त होता है। अफगानिस्तान वगैरह से आता है। इसकी तासीर गरम होती है। इसकी सुगंध, सुस्वादुता एवं पोषकता के कारण यह मिष्टान्नों में डाला जाता है।

127. जीरे-हलदी, अदरक का हलवा

सामग्री—

- **जीरा** : **50 ग्राम**
- **कलौंजी (मंगरैला)** : **50 ग्राम**
- **हलदी** : **1-2 गांठ**
- **अदरक** : **1-2 गांठ**
- **गुड़** : **125 ग्राम**
- **देशी घी** : **25 ग्राम से 50 ग्राम तक इच्छानुसार**

विधि—

जीरा एवं कलौंजी (काला जीरा) को रात में थोड़े पानी में भिगो दीजिए। सुबह सिल पर बारीक पीस लीजिए। हलदी की गांठ को भी थोड़ी देर पानी में भिगोकर पीस लीजिए। अदरक को भी छिलका छुड़ाकर धोकर बारीक पीस लीजिए।

कड़ाही में घी गरम कीजिए। उसमें थोड़ा सा जीरा (करीब आधी छोटा चम्मच) डालिए। पिसा हुआ मसाला घी में अच्छी तरह भून लीजिए। भुन जाने पर उसमें गुड़ तोड़कर डालिए। थोड़ा पानी डालकर गाढ़ा घोल बना लीजिए। इसे थोड़ी देर पकाइए। बन जाने पर उतार लीजिए।

सुबह के समय गरम-गरम हलवा थोड़ा-थोड़ा करके खाने के लिए दीजिए। यह हलवा दो-चार दिन रखा जा सकता है।

128. जीरे का हलवा

सामग्री–

- जीरा : **100 ग्राम**
- गुड़ : **100 ग्राम**
- देशी घी : **30-40 ग्राम इच्छानुसार**

विधि–

जीरे को कुछ घंटे पानी में भिगोकर सिल पर महीन पीस लीजिए।

कड़ाही में घी गरम करें। पिसे जीरे को अच्छी तरह भूनें। फिर उसमें तोड़कर गुड़ मिला दें। गुड़ अच्छी तरह पक जाने पर उतार लें। हलवा तैयार है। गरम-गरम खाने को दें।

129. हलदी का हलवा

सामग्री–

- हलदी : **6-7 गांठ**
- गुड़ : **हलदी के बराबर मात्रा में**
- शुद्ध घी : **20 ग्राम या इच्छानुसार**
- दूध : **थोड़ा सा**

विधि–

हलदी को कुछ घंटे पानी में भिगो दें। गांठें फूल जाएंगी। अब सिल पर बारीक पीस लें।

कहाड़ी में घी गरम करें, उसमें पिसी हलदी को अच्छी तरह भूनें। भुन जाने पर हलदी के बराबर गुड़ तोड़कर मिला दें। दूध भी डाल दें। गुड़ अच्छी तरह पक जाने पर उतार लें। हलदी का हलवा भी गरम-गरम दें। इसे भी दो-चार दिन रखा जा सकता है। एक बार में थोड़ा-थोड़ा दें।

***नोट**–हलदी को पीसकर गोली बनाकर भी दूध के साथ दे सकते हैं।*

अदरक को आग में भूनकर गुड़ के साथ खाने को दिया जा सकता है।

130. कसार

सामग्री–

- **गेंहू का आटा : 1 कटोरी**
- **देशी घी : आधी कटोरी या कम**
- **बूरा : पौना कटोरी या स्वादानुसार**
- **बादाम, पिस्ता, मखाने, किशमिश, खरबूजे की गिरी : थोड़ा-थोड़ा इच्छानुसार**
- **घी मेवा तलने के लिए : थोड़ा-सा**

विधि–

साबुत बादाम को देशी घी में तल लें। इसी तरह घी में पिस्ते को तलकर निकाल लें। मखाने को भी तल लें। थोड़े घी में किशमिश को भी एक मिनट के लिए डालकर, तलकर निकाल लें।

घी में गेहूं का आटा भूनें। घी इतना हो कि आटा अच्छी तरह गीला हो जाए। आटा खूब भूनकर हलके बादामी रंग का हो जाए। आटे को मध्यम आंच पर भूनें। आटा थोड़ा भुन जाने पर उसमें खरबूजे की गिरी डाल दें। खरबूजे की गिरी आटे के साथ ही भुन जाएगी। भुन जाने पर आटा उतार लें। उसमें सब तले हुए मेवा मिलाकर अच्छी तरह चला दें। थोड़ा ठंडा होने पर बूरा भी मिला दें।

यह एक हफ्ते तक रखा जा सकता है। थोड़ा-थोड़ा करके सुबह-शाम दूध के साथ खाने को दें या दोपहर के खाने के बाद भी दे सकते हैं।

131. बत्तीसे का हलवा

सामग्री–

- **बत्तीसा, सोंठ, कलौंजी (मंगरैला), जीरा, सौंफ, अजवायन, हलदी, किशमिश, गरी, छुहारा : सब थोड़ा-थोड़ा**
- **चीनी : 1 कटोरी**

विधि–

सब मसाला पानी देकर सिल पर पीस लें और घी डालकर कड़ाही में भून लें। घी इतना डालें कि अच्छी तरह भुन जाए, दस-बीस मिनट भूनें, फिर थोड़ा सा पानी (करीब साठ ग्राम) डालकर मसाला सिझा लें (पका लें)। इसके बाद एक गिलास दूध डालें। चीनी भी डाल दें। एक कटोरी पिसा मसाला है तो एक कटोरी चीनी डाल दें। दूध सुखाकर हलवा बना लें और गरम-गरम खाने को दें।

132. हलदी, सोंठ एवं मेवे का हलवा

सामग्री–

- **हलदी की कुछ गांठें, सोंठ, अजवायन, मंगरैला, सौंफ, जीरा, किशमिश, छुहारा, गिरी, घी : थोड़ा-थोड़ा**
  चीनी : मसाले के बराबर

विधि–

सब मसाला पानी में भिगोकर पीस लें। फिर देशी घी में अच्छी तरह भून लें। दस-बीस मिनट भूनें। करीब आधा गिलास पानी डालकर मसाला सिझा लें (पका लें)। फिर आधा गिलास दूध डालकर सुखा लें। दूध के साथ ही चीनी भी डाल दें। मसाले के बराबर की चीनी लें। हलवा तैयार होने पर गरम-गरम खाने को दें।

(यह सुबह या शाम के नाश्ते में या भोजन के बीच में प्रयोग में ला सकते हैं।)

133. मैदे-सूजी की मठरी

सामग्री–

- ✦ **मैदा** : **500 ग्राम**
- ✦ **सूजी** : **250 ग्राम या 300 ग्राम**
- ✦ **घी** : **100 ग्राम**
- ✦ **अजवायन** : **अंदाज से करीब एक छोटा चम्मच**
- ✦ **नमक** : **अंदाज से करीब डेढ़ छोटा चम्मच**
- ✦ **पानी** : **अंदाज से**

विधि–

सूजी में घी पिघलाकर मिलाएं। खूब अच्छी तरह मसलें। उसमें नमक, अजवायन डालें। फिर हलका गरम पानी आधी कटोरी से ज्यादा डालें। फिर मसलें। सूजी पहले मिलाने से सूजी के दाने घुल जाएंगे। इसके बाद मैदा मिलाएं। मैदा मिलाकर कड़ा आटा गूंध लें। यदि जरूरत हो तो हलका-सा पानी और डालें।

इसके बाद आटे की छोटी-छोटी लोई बनाकर पतली-पतली गोल मठरियां बेलें तथा धीमी आंच पर सेंकें।

134. उपमा

सामग्री–

- ✦ **सूजी** : **1 कटोरी**
- ✦ **पानी** : **3 या साढ़े तीन कटोरी**
- ✦ **करी पत्ता** : **10–12**
- ✦ **हरी मिर्च** : **2–3**
- ✦ **काली सरसों या राई** : **करीब एक छोटा चम्मच**

- ✦ चने की दाल : थोड़ी सी (करीब एक छोटा चम्मच)
- ✦ उड़द : थोड़ा सा (करीब एक छोटा चम्मच)
- ✦ प्याज : 1, छोटे टुकड़ों में कटी हुई (ऐच्छिक)
- ✦ घी/रिफाइंड : 2-3 छोटा चम्मच या इच्छानुसार
- ✦ अदरक : करीब आधा इंच का छोटा टुकड़ा (पतले कटे हुए)
- ✦ हरी मटर : इच्छानुसार या एक बड़ा चम्मच (वैकल्पिक)
- ✦ नमक : स्वादानुसार

विधि–

कड़ाही में घी डालें। घी गरम होने पर काली सरसों डालें। हरी मिर्च चीरकर डालें। अदरक डालें। चने की दाल, उड़द की दाल और करी पत्ता डालें। सबको एक मिनट तक भूनें। इसके बाद सूजी डालकर दो मिनट तक भूनें। अलग भगौने में तीन-साढ़े तीन कटोरी पानी उबलने के लिए रख दें। पानी जब उबलने लगे तो उसमें नमक डाल दें। और पानी सूजी की कड़ाही में डालकर चलाएं। इसके बाद गैस बंद कर दें। सूजी को ढक दें। इसे चार-पांच मिनट तक ढका रहने दें। धीरे-धीरे पानी सूख जाएगा। सूजी फूलकर नरम हो जाएगी। स्वादिष्ट उपमा तैयार है। गरम-गरम खाइए।

नोट–*यदि मटर और प्याज डालना चाहें तो अदरक डालने के बाद मटर, फिर प्याज डाल सकते हैं।*

135. मैदे की पापड़ी

सामग्री–

- सूजी : 1 कटोरी
- मैदा : 1 कटोरी
- आटा : 1 कटोरी
- बेकिंग पाउडर : 1 छोटा चम्मच
- घी मोयन के लिए : 1 छोटा चम्मच
- घी/रिफाइंड तेल तलने के लिए : 200 ग्राम या आवश्यकतानुसार

विधि–

सूजी में बेकिंग पाउडर मिला दें। फिर उसमें दो बड़े चम्मच घी पिघलाकर अच्छी तरह मिला दें। पानी डालकर पेस्ट बनाकर खूब गूंध लें। इसी में फिर मैदा व आटा मिलाकर कड़ा आटा गूंध लें। इसमें फिर पानी नहीं मिलाना है, जरूरत पड़े तो थोड़ा-सा मिला सकते हैं।

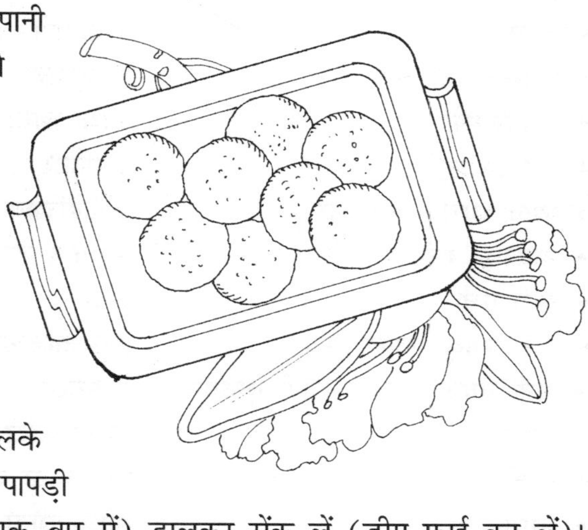

आटे की पतली-पतली रोटी बेल लें, फिर कांटे से गोद लें, फिर गोल-गोल पापड़ी काट लें। किसी छोटी कटोरी या गिलास को उलटा करके गोल-गोल पापड़ी काट लें।

कड़ाही में तेल गरम करें। हलके गरम तेल में मध्यम आंच पर पापड़ी थोड़ी-थोड़ी (करीब दस-बारह एक बार में) डालकर सेंक लें (डीप फ्राई कर लें)। ठंडी होने पर डिब्बे में भर दें।

नोट– *दही में डालकर इसकी चाट बनती है। एक प्लेट में पापड़ी डालें, फिर थोड़ा उबला हुआ आलू डालें, फिर दही, फिर इमली की चटनी डाल दें।*

136. पोहा

__नोट__–मोटे चूड़े का पोहा अच्छा बनता है। बिहार में ढेंकी का कुटा चूड़ा मिलता है जो बहुत अच्छा होता है और दरभंगा, मिथिला में इस चूड़े को पानी में फुलाकर दही, गुड़ के साथ खाते हैं (मशीन से कुटा हुआ मोटा चूड़ा भी मिलता है)।

यदि इस मोटे चूड़े का पोहा बनाते हैं तो एक कटोरी चूड़े को चुनकर, धोकर पौना कटोरी पानी में भिगो देते हैं। चूड़ा फूल जाता है, पानी सूख जाता है। चूड़ा भीगकर नरम हो जाता है तब अच्छा पोहा बनता है।

यदि पतले चूड़े का पोहा बनाना है, जिसको फ्राई किया जाता है, तो इसे भिगोने (फुलाने) की जरूरत नहीं है। चूड़ा चुनकर, साफ कर, बनाने से ठीक पहले पानी से धो लें, तब काम में लाएं।

सामग्री–

- **चूड़ा : 3 कटोरी**
- **मूंगफली का तेल : 3 कलछी**
- **राई/सरसों : आधा छोटा चम्मच**
- **मटर/आलू : 1 मुट्ठी**
- **प्याज बारीक काटकर : 2 (ऐच्छिक)**
- **अदरक, हरी मिर्च पिसी हुई : आधा छोटी चम्मच**
- **करी पत्ता : 7-8**
- **खड़ी साबूत लाल मिर्च : 2-3 तोड़कर**
- **भुनी मूंगफली मोटी-मोटी कूटकर : 1 मुट्ठी**
- **हल्दी : आधा छोटा चम्मच**
- **चीनी : एक छोटा चम्मच**
- **नमक : आधा छोटा चम्मच**
- **नीबू : आधा**
- **हरा धनिया : थोड़ा-सा (स्वादानुसार)**
- **लाल मिर्च कुटी हुई : थोड़ी-सी (स्वादानुसार)**

विधि–

कड़ाही में तेल डालें। तेल गरम होने पर मटर व थोड़ा नमक साथ डालें। जिससे मटर गल जाए। सरसों (राई) का तड़का देकर प्याज डालें। यदि प्याज नहीं खाना है तो प्याज नहीं डालें।

फिर जैसा ऊपर लिखा है, उसी क्रम में अदरक, हरी मिर्च पिसी हुई, करी पत्ता, साबुत लाल मिर्च, भुनी मूंगफली मोटी कुटी हुई डालें और चला लें। अब हलका-सा पानी का छींटा देकर एक मिनट ढककर धीमी आंच पर पकाएं। चीनी व शेष नमक डाल दें। नीबू निचोड़ दें। एक मिनट बाद गैस बंद कर दें। पोहा उतार लें। उसमें कटा हरा धनिया मिला दें।

सुझाव–*हरे धनिये की चटनी भी फूले पोहे में मिला सकते हैं या बाद में हरा धनिया बारीक काटकर मिला सकते हैं।*

परोसते समय लाल टमाटर के टुकड़ों से सजा सकते हैं। गरम-गरम परोसें।

यदि भुनी मूंगफली नहीं है तो छिली हुई कच्ची मूंगफली लें। कड़ाही में सूखा ही भून लें। उतारकर छिलके छुड़ाएं। थोड़ा-थोड़ा करके कूट लें। जिससे सब टुकड़े एकसार हों।

यदि पोहा कड़ा लगे तो पानी का छींटा देते समय थोड़ा, करीब एक-दो बड़ा चम्मच पानी डाल सकते हैं। पोहा नरम हो जाएगा। भिगोते समय भी पोहे को एक कटोरी पानी में आधे घंटे से ज्यादा भिगो सकते हैं। जितना चाहें पोहे को नरम कर सकते हैं।

137. सूजी की इडली

सामग्री–

- **सूजी** : **1 कप**
- **दही** : **पौना कप**
- **नमक** : **1 छोटा चम्मच**
- **चीनी** : **1 छोटा चम्मच**

- **नीबू का रस** : **1 छोटा चम्मच**
- **रिफाइंड तेल** : **1 छोटा चम्मच**

विधि–

उक्त सब सामग्री को अच्छी तरह मिलाकर फेंटें। यदि थोड़ा गाढ़ा लग रहा हो तो हलका-सा पानी मिलाकर गाढ़ापन ठीक कर लें। फिर पकाएं। प्रेशर कुकर में से वेट निकाल दें। ऐसे ही ढक्कन लगाएं। पहले कुकर में पानी गरम करके तब इडली स्टैंड लगाएं। कुकर में भाप बनने के लिए करीब दो-ढाई गिलास पानी डालें।

इडली स्टैंड में इडली के सांचे को पहले तेल/घी का हाथ लगाकर चिकना कर लें। तब इडली का आटा डालें। हाकिंस व प्रेस्टिज प्रेशर कुकर के अलग-अलग साइज के इडली स्टैंड आते हैं। अलग से भी इडली पकाने का कुकर आता है। इडली के सांचे में इडली का मिश्रण पूरा नहीं भरें। फूलने की जगह रखें।

गैस मध्यम से तेज रहे, जिससे ठीक से भाप बनती रहे। दस से पंद्रह मिनट तक पकाएं, इसके बाद ढक्कन हटाकर चाकू गड़ाकर देख लें कि इडली चिपकती है या नहीं। यदि नहीं चिपकती है तो ठीक है, जरा ठंडा होने पर निकालें।

इडली फूलकर नरम हो जाएगी। गरम-गरम परोसें।

सुझाव–*यदि लगे कि जितनी चाहते हैं उतनी इडली नरम नहीं बनती, तो पकाने से पहले उसमें एक चम्मच ईनो फ्रुट साल्ट डाल सकते हैं। डालकर अच्छी तरह चला लें। इसके बाद इडली के सांचों में डालें। एकदम नरम इडली बनेगी। ईनो फ्रुट साल्ट के छोटे पाउच मिलते हैं, जिनमें एक चाय का चम्मच ईनो फ्रुट साल्ट होता है।*

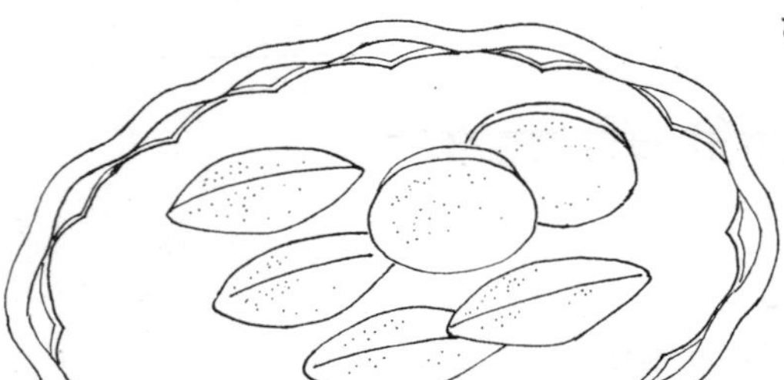

इडली के लिए सब सामग्री घोलकर थोड़ी देर दस मिनट से आधा घंटा तक छोड़ सकते हैं। उसके बाद फेंटकर सांचों में डालें।

138. इडली के लिए सूखी चटनी

सामग्री–

- ✦ अरहर की दाल : 1 कटोरी
- ✦ उड़द की दाल : 1 कटोरी
- ✦ लाल मिर्च कुटी हुई : 1 छोटा चम्मच या इच्छानुसार
- ✦ साबुत लाल मिर्च : 10–12
- ✦ हींग : थोड़ा-सा (चुटकी भर)
- ✦ नमक : 1 बड़ा चम्मच या स्वादानुसार
- ✦ तिल का तेल : 1 कटोरी

विधि–

दालों को भारी कड़ाही में सूखी ही भून लें। थोड़ी ठंडी होने पर सूखी ही मिक्सी में पीस लें। दालों के साथ ही साबुत लाल मिर्च व हींग भी कड़ाही में भूना जा सकता है। साबुत लाल मिर्च भी दाल के साथ मिक्सी में पीसी जा सकती है। पिसने पर बाहर निकाल लें। उसमें नमक मिला दें। इसे एक सूखी शीशी या एयर टाइट डिब्बे में बंद करके रख लें। साबुत लाल मिर्च भूनकर साथ पीसने के बाद अलग से मिर्च की आवश्यकता नहीं है।

खाने के समय एक कटोरी में तिल का तेल रखें। एक कटोरी में थोड़ी सूखी चटनी का मिश्रण रखें। मिश्रण में थोड़ा तेल डालें और मिलाकर इडली के साथ खाएं।

***सुझाव**–बच्चों को स्कूल टिफिन में देने के लिए इडली अच्छा नाश्ता है। सूखी चटनी में थोड़ा तेल मिलाकर इडली पर लपेट दें और बच्चों को टिफिन में दे दें। बच्चे इन्हें खूब पसंद करेंगे।*

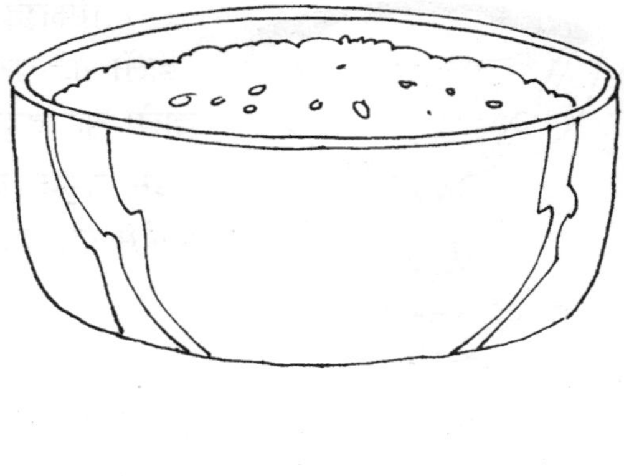

139. नारियल की चटनी (इडली के लिए)

सामग्री–

- ✦ इमली : अंदाज से (छोटे नीबू के बराबर)
- ✦ हरी मिर्च : 4
- ✦ नारियल : आधा
- ✦ अदरक : छोटा-सा टुकड़ा
- ✦ लहसुन : (ऐच्छिक) एक-दो कली

विधि–

उक्त सब सामग्री को मिक्सी में थोड़े पानी के साथ पीस लें। नारियल के छोटे टुकड़े करके मिक्सी में डालें या कद्दूकस करके डालें।

छौंक बनाने के लिए–

- ✦ साबुत लाल मिर्च : 1–2
- ✦ हींग : चुटकी भर
- ✦ राई/सरसों : चौथाई छोटा चम्मच
- ✦ करी पत्ता : 10–12 पत्तियां
- ✦ उड़द की दाल धुली हुई : चौथाई छोटा चम्मच
- ✦ रिफाइंड तेल : करीब 1 छोटा चम्मच

रिफाइंड तेल गरम कर लें। पहले उसमें राई/सरसों डालें। राई चटकने की आवाज आने पर बाकी सामान डालें। यह तड़का तैयार हो गया।

इस तड़के को पिसी हुई चटनी में मिलाकर फिर मिक्सी में पीस लें। इडली के साथ परोसें।

140. सूजी का ढोकला

सामग्री–

- ✦ सूजी : डेढ़ कटोरी
- ✦ दही : डेढ़ कटोरी
- ✦ पानी : आधी कटोरी से थोड़ा कम
- ✦ अदरक : 1 इंच मोटा टुकड़ा पीसकर
- ✦ बड़ी हरी मिर्च पिसी हुई : 2-3
- ✦ नमक : 1 छोटा चम्मच या अंदाज से
- ✦ ईनो फ्रुट साल्ट : डेढ़ छोटा चम्मच
- ✦ साबुत हरी मिर्च : चार, छौंक के लिए
- ✦ करी पत्ता : 10-12
- ✦ सरसों : 1 छोटा चम्मच

माप–एक कटोरी में एक छोटी चम्मच ईनो फ्रुट साल्ट, एक छोटी चम्मच पिसा हुआ अदरक, एक छोटी चम्मच पिसी हुई हरी मिर्च।

विधि–

सूजी, दही, अदरक, हरी मिर्च ये सब मिलाकर घोल लें। नमक एक छोटी चम्मच या अंदाज से स्वादानुसार डाल दें। पानी मिलाकर गाढ़ापन ठीक कर लें। ठीक से फेंट लें। ढोकला मेकर की दोनों थाली में तेल लगाकर चिकनी कर लें। ढोकला मेकर में पानी करीब दो-ढाई गिलास गरम होने के लिए रख दें। पानी गरम होने पर ढोकला भाप में पकने के लिए रखना है।

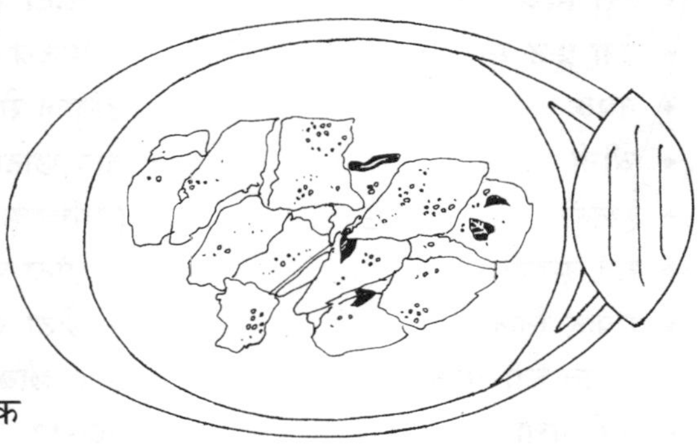

थाली में डालने से तुरंत पहले घोल में डेढ़ छोटा चम्मच ईनो फ्रुट साल्ट डालकर अच्छी तरह चला लें। फिर घोल दोनों थाली (एक

छोटी, एक बड़ी) में फैला दें। पानी में जाली रखकर पहले छोटी थाली, फिर बड़ी थाली ढोकला मेकर में रखकर ढक्कन बंद कर दें, पानी की भाप में पंद्रह मिनट पका लें। आंच तेज ही रखें जिससे भाप अच्छी तरह बनें। पक जाने पर उतार लें। चाकू की नोक से देख लें कि ठीक पका है या नहीं। नोक पर नहीं चिपकेगा तो ठीक पका है।

छौंक–कड़ाही में दो चम्मच तेल गरम करें। उसमें एक चम्मच राई डालें। राई चटकने की आवाज आने पर चिरी हुई चार हरी मिर्च, दस-बारह करी पत्ता डाल दें। आधा चम्मच चीनी डालें। पौना कप पानी डालें। पानी खौलने पर बंद कर दें। यह छौंक दोनों थालियों में पके ढोकलों पर डाल दें। छौंक डालने से पहले ढोकला के आकार में चाकू से काटकर निशान लगा दें। थोड़ा ठंडा होने पर बाहर निकालें।

स्वादिष्ट ढोकला तैयार है।

141. बेसन का ढोकला

सामग्री–

- **मोटा बेसन : 1 कटोरी**
- **सूजी : 2 बड़ा चम्मच**
- **पानी : 1 कटोरी (अंदाजन)**
- **साइट्रिक एसिड : आधा छोटा चम्मच**
- **पिसा अदरक : 2 छोटा चम्मच**
- **हरी मिर्च पिसी हुई : 1 छोटा चम्मच**
- **ईनो फ्रुट साल्ट : 1 पाउच (एक चम्मच)**
- **नमक : अंदाज से, आधा चम्मच**
- **चीनी : तीन छोटा चम्मच**
- **हलदी : (ऐच्छिक) जरा सी**
- **राई/सरसों : 1 छोटा चम्मच**
- **सफेद तिल : 1 छोटा चम्मच**
- **साबुत हरी मिर्च : 5-6 छौंक के लिए**
- **करी पत्ता : 10-12**

विधि–

बेसन में सूजी मिलाएं। पानी अंदाज से मिलाकर अच्छी तरह फेंट लीजिए। करीब तीन-चार मिनट तक फेंटिए। साइट्रिक एसिड, नमक, चीनी, पिसी हरी मिर्च, पिसा अदरक सब साथ ही डाल दें। सबसे अंत में ईनो फ्रुट साल्ट डालकर अच्छी तरह से मिला लीजिए। फिर चिकने टिन में डालकर पानी की भाप में पका लीजिए। पंद्रह-बीस मिनट पकाएं। चिपकें नहीं, भाप में पकने के लिए टिन रखने से पहले पानी गरम कर लीजिए। मध्यम या तेज आंच पर पकाइए जिससे भाप अच्छी तरह से बने। चाकू की नोक गड़ाकर देख सकते हैं कि चिपकता तो नहीं है।

सुझाव–*ढोकला मेकर में आसानी से पका सकते हैं। ढोकला मेकर नहीं है तो इडली स्टैंड पर पका सकते हैं। नहीं तो भगौने में पानी भरकर ऊपर थाली रखकर, ढककर पका सकते हैं।*

छौंक–*दो चम्मच तेल कड़ाही में गरम कर उसमें सरसों, करी पत्ता, हरी मिर्च, आधा चम्मच चीनी और एक कप पानी डालकर पका लें। चाहें तो एक चम्मच सफेद तिल भी छौंक में डाल सकते हैं। हरी मिर्च चीर कर दो टुकड़े करके डालें। ढोकले के आकार में चौकोर बर्फी की तरह काट लें। थोड़ा ठंडा होने पर बाहर निकालें।*

142. बेसन का ढोकला पालक के साथ

सामग्री–

- **बेसन** : **3 कटोरी**
- **पालक** : **1 गड्डी (करीब पाव भर)**
- **हरी मिर्च पिसी हुई** : **2 छोटे चम्मच**
- **अदरक पिसा हुआ** : **2 छोटे चम्मच**
- **ईनो फ्रूट साल्ट** : **3 छोटे चम्मच**
- **धनिया कुटा हुआ** : **थोड़ा सा**
- **हलदी** : **अंदाज से**
- **नमक** : **स्वादानुसार**
- **कुटी लाल मिर्च** : **स्वादानुसार**

✦ हींग : थोड़ा सा (चुटकी भर)
✦ जीरा : थोड़ा सा

विधि–

पालक को अच्छी तरह से धो लें। धोकर पतला-पतला काट लें। पालक काटकर बेसन में मिला लें। बाकी सब सामग्री–कुटा धनिया, हलदी, नमक, लाल मिर्च, हींग, जीरा बेसन में मिला दें। तीन-चार मिनट फेंट लें।

जिस थाली में ढोकला पकाना है, उसे तेल लगाकर चिकनी करें। ढोकला मेकर में बनाना है तो उसकी दोनों थाली चिकनी करें।

भगौने/ढोकला मेकर में पानी गरम होने के लिए रख दें। भाप में ढोकला पकाने से ठीक पहले उसमें ईनो फ्रूट साल्ट डालकर अच्छी तरह मिला लें। फिर चिकनी थाली में डालें। पानी की भाप में आठ-दस मिनट ढकना ढक कर पका लें। ढोकला मेकर में दोनों थाली (छोटी-बड़ी) साथ-साथ लग जाती हैं। यदि थोड़ा घोल बचे तो उसे दूसरी बार में भाप में पका लें।

थोड़ा ठंडा होने पर निकालें। चौकोर-चौकोर काट लें।

छौंक–इच्छानुसार राई, तेल, हरी मिर्च का छौंक ऊपर से डाल सकते हैं।

143. मुठिया

(गुजराती व्यंजन है जो चोकर में बेसन, लौकी मिलाकर बनता है। क्योंकि हाथ की मुट्ठी में दबाकर आकार दिया जाता है, इसलिए इसे मुठिया कहते हैं। इसमें भी ढोकला वाला मसाला पड़ता है और यह भी भाप में पकती है)।

सामग्री–

✦ चोकर : 2 कटोरी
✦ बेसन : 3 बड़े चम्मच
✦ लौकी या कद्दू : करीब पाव भर कद्दूकस किया हुआ
✦ सोडा : चौथाई छोटा चम्मच
✦ रिफाइंड तेल : एक-डेढ़ छोटा चम्मच

- ✦ नमक : आधा छोटा चम्मच या अंदाज से
- ✦ अदरक पिसा हुआ : 1 छोटा चम्मच (करीब डेढ़ इंच अदरक)
- ✦ हरी मिर्च पिसी हुई : 1 छोटा चम्मच (करीब 2-3 अच्छी बड़ी हरी मिर्च)
- ✦ दही : आवश्यकतानुसार
- ✦ रिफाइंड तेल : 2 बड़े चम्मच छौंक के लिए
- ✦ सरसों, सफेद तिल : एक-एक छोटा चम्मच
- ✦ करी पत्ता : 10-12

विधि–

चोकर में बेसन मिला लें। इसी में थोड़ा तेल और सोडा मिला लें। आधा छोटा चम्मच के करीब नमक डालें। पिसा अदरक व पिसी हरी मिर्च मिलाएं। अब लौकी डालकर इसे गूंधें। यदि कड़ा है तो थोड़ी दही मिलाएं, नहीं तो ऐसे ही रखें।

हाथ की मुट्ठी में दबाकर उक्त मिश्रण को मुठिया की आकृति (शेप) दें। जाली वाली तश्तरी में पानी की भाप में पकने के लिए रखें। पंद्रह-बीस मिनट पकाने के बाद निकालें। फिर जरा ठंडा होने पर चाकू से छोटा-छोटा काट लें।

इसे भी ढोकला मेकर में आसानी से पकाया जा सकता है। पानी की भाप में पकने के लिए रखने से पहले पानी गरम कर लेना चाहिए।

छौंक–कड़ाही में रिफाइंड तेल दो बड़े चम्मच डालें। तेल गरम होने पर आधा छोटा चम्मच सरसों डालें। सरसों चटकने पर करी पत्ता डालें। एक छोटा चम्मच सफेद तिल डालें, फिर उसमें मुठिया डालें। चलाकर निकाल लें। गरम-गरम परोसें।

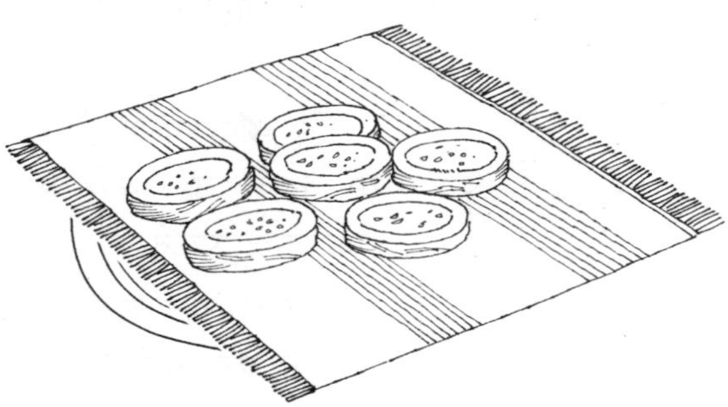

144. मूंग की दाल का ढोकला

सामग्री–

✦ मूंग की दाल पिसी हुई	: 1 कटोरी
✦ दही	: आधी/पौना कटोरी
✦ पानी	: आवश्यकतानुसार
✦ अदरक पिसी हुई	: थोड़ी-सी
✦ हरी मिर्च कटी हुई	: थोड़ी-सी
✦ नमक	: थोड़ा, करीब आधा छोटा चम्मच

विधि–

दही में पिसी हुई मूंग की दाल घोल लें। यदि आवश्यकता हो तो थोड़ा पानी डालें। घोल थोड़ा पतला रखें।

भगौने में पानी खौलाएं। उस पर रखने के लिए ढोकला बनाने वाला बर्तन ऐसा लें जो उस पर फिट आए। भगौने के साइड से भाप न निकले। जब पानी खौलने लगे, तो जिस बर्तन में ढोकला पकाना है, उसे चिकना करके उसमें ढोकले का सामान डालें। भाप में रखने से ठीक पहले ढोकले के घोल में एक छोटा चम्मच ईनो फ्रुट साल्ट घोलकर चला दें। ईनो फ्रुट साल्ट का पैकेट नया हो। ईनो फ्रुट साल्ट मिलाने के बाद ढोकले वाला बर्तन भगौने पर रखें और बर्तन को ढक दें। बर्तन ठीक से ढकें। चाहें तो उस पर कुछ वेट रख दें कि खुले नहीं। दस-पंद्रह मिनट तक भाप में पकने दें। आंच मध्यम से तेज रखें जिससे भाप ठीक से बने। इसके बाद उतार लें। थोड़ा ठंडा होने पर जैसे चाहें टुकड़े काटें।

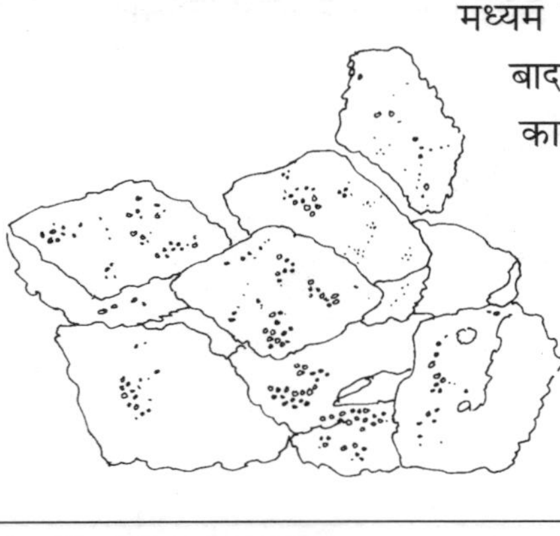

यदि छौंक पसंद है तो दो चम्मच तेल गरम करके राई, करी पत्ते, हरी मिर्च का छौंक डाल सकते हैं।

***नोट**–यदि चाहें तो इसे भी ढोकला मेकर में बना सकते हैं।*

145. चावल व दाल का ढोकला

सामग्री–

- चावल : 2 कटोरी
- उड़द, चना, मूंग, अरहर की दालें : बराबर मिलाकर दो कटोरी
- खट्टी लस्सी (छाछ) : 2 कटोरी
- हरीमिर्च : 4
- अदरक : 2 इंच का टुकड़ा, पीसकर
- कुटी कालीमिर्च : थोड़ी-सी
- नमक : स्वादानुसार
- मीठा सोडा : 1 छोटा चम्मच

विधि–

चावल और दाल रात को पानी में भिगो दीजिए। सुबह पानी निकालकर फेंक दीजिए और इन्हें मोटा-मोटा पीस लीजिए। अब इन्हें बारह घंटे तक खट्टे छाछ में भिगोकर रखिए। नमक, पिसी हरी मिर्च, पिसा अदरक, मिला दीजिए।

थाली में घी चुपड़कर थाली चिकनी करें। उसमें एक बार में एक प्याला दाल-चावल का मिश्रण फैलाइए। ऊपर से काली मिर्च छिड़क दीजिए। चौथाई छोटा चम्मच सोडा मिलाकर भाप में पका लीजिए। इसे भगौने में पानी चढ़ाकर भी भाप में पका सकते हैं या ढोकला मेकर में रखकर आसानी से पका सकते हैं।

ढोकला तैयार होने की पहचान है कि चिपके नहीं। ढोकला पक जाने पर उतार लें। थोड़ा ठंडा होने पर निकालें। इसी तरह सब ढोकले बना लीजिए।

इसे चटनी के साथ या ऐसे ही प्रयोग कर सकते हैं।

146. ढोकला बनाने की अन्य विधि

सामग्री–

- चावल : 1 किलो
- अरहर की दाल : 500 ग्राम
- चने की दाल : 500 ग्राम

विधि–

उक्त तीनों–चावल, अरहर की दाल और चने की दाल को धोकर सुखा लें और चक्की में सूखा आटा पिसवा लें। इसे डिब्बे में भरकर रख लें।

बनाने के लिए थोड़े आटे में दही और पानी डालकर पकौड़ी के बेसन जैसा घोल बना लें। उसमें थोड़ा-सा सोडा (आधी छोटी चम्मच लेविल पर) डाल दें और तीन-चार घंटे ऐसे ही छोड़ दें। इसके बाद थोड़ा-सा तिल का तेल या मूंगफली का तेल डालकर मिला लें या सरसों का तेल गरम करके डाल दें। गरमी के मौसम में इसमें घी भी डाल सकते हैं।

इच्छानुसार अदरक, हरी मिर्च, हरा धनिया, पीसकर घोल में मिला लें। इसमें अदरक ज्यादा अच्छा लगता है।

थाली में थोड़ा-सा घी या तेल और जरा-सा सोडा लगाकर उसमें ढोकले का घोल डाल दें। पानी की भाप में इसको ढककर पका लें। कड़ा पड़ने पर व फूलने पर उतार लें। चाकू गड़ाकर देखें, अगर उसमें नहीं चिपकता है तो समझें कि तैयार हो गया। तैयार हो जाने पर घी में सरसों और लाल मिर्च साबुत छौंक में डालकर ढोकलों में डाल दें। ढोकले के चौकोर टुकड़े काट लें। ढोकला तैयार है।

ढोकले के साथ खाने के लिए चटनी–

सूखा या कच्चा नारियल, हरा धनिया, हरी मिर्च, अदरक, सरसों या राई, नमक सब मिलाकर पिसवा लें। पिस जाने पर उसमें थोड़ी-सी दही मिला दें। चटनी तैयार है।

नोट– *यदि खाली चने के आटे का इस तरह ढोकला तैयार करें तो उसको खमंड ढोकला कहते हैं।*

147. खांडवी

सामग्री–

- बेसन : 1 कटोरी
- दही : 1 कटोरी
- पानी : 2 कटोरी
- हरी मिर्च : 4 बारीक कटी हुई
- हरा धनिया : थोड़ा-सा, बारीक कटा हुआ
- सरसों/राई : 1 छोटा चम्मच
- हींग : थोड़ी-सी, 1 चुटकी
- हलदी पाउडर : आधा छोटा चम्मच
- नमक : स्वादानुसार (करीब आधी छोटी चम्मच)
- नारियल का चूरा : 1 बड़ा चम्मच (ऐच्छिक)
- रिफाइंड तेल : 2 बड़ा चम्मच
- कुटी लाल मिर्च : थोड़ी-सी

विधि–

बेसन को नमक व हलदी मिलाकर छान लें। दही को अच्छी तरह मथकर उसमें पानी मिला लें। बेसन में धीरे-धीरे दही-पानी का घोल डालकर घोल लें। इसमें हींग भी मिला लें। बेसन को अच्छी तरह से फेंटें, जब तक कि एक सार चिकना न हो जाए। इस मिश्रण को कड़ाही में रखें और धीमी आंच पर तब तक पकाएं जब तक कि यह गाढ़ा न हो जाए। गाढ़ा होने पर तुरंत उतार लें और इस मिश्रण को तुरंत स्टील की थाली में उलटी तरफ डालकर फैला दें। बराबर कर लें। ठंडा होने दें। फिर चाकू से आधे-आधे इंच चौड़ाई की लंबी पट्टियां काट लें। एक-एक पट्टी को संभालकर धीरे-धीरे उठाते हुए रोल कर

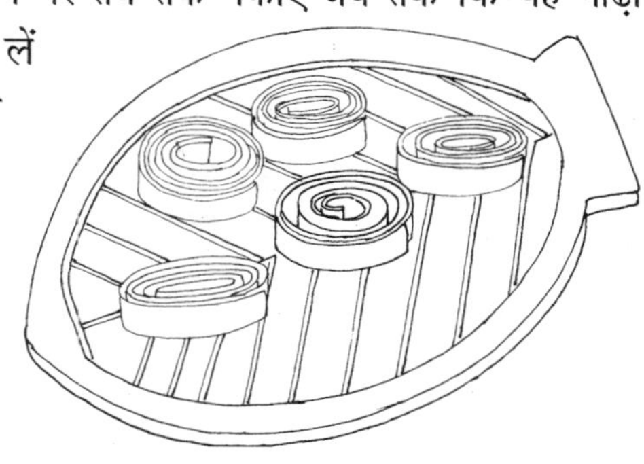

लें। ऐसे दस-बारह रोल बन जाएंगे। खांडवी के रोल बनाकर उस बर्तन/डिश में रखें, जिसमें रखकर परोसना है। अब इसके बाद छौंक बनाएं।

छौंक बनाने के लिए दो बड़ा चम्मच तेल गरम करके उसमें राई डालें, कुटी लाल मिर्च डालें। खांडवी को ऊपर से छौंक दें। नारियल का चूरा एवं कटा हरा धनिया खांडवी के ऊपर सजाने के लिए छिड़क सकते हैं।

नोट—*हाथ में या थाली में घी/तेल नहीं लगाना है। नहीं तो इसका मिश्रण ठीक से थाली में फैलेगा नहीं। रोल करने के कारण खांडवी में कई परतें हो जाती हैं। रोल ढीला-ढीला करें, आपस में चिपकें नहीं।*

148. नमकीन सेम

सामग्री—

✦ **मैदा या आटा**	:	**500 ग्राम**
✦ **घी**	:	**100 ग्राम मोयन के लिए**
✦ **नमक**	:	**अंदाज से करीब डेढ़ छोटा चम्मच**
✦ **पालक का हरा पानी**	:	**अंदाज से**
✦ **घी तलने के लिए**	:	**आवश्यकतानुसार**

विधि—

करीब आधा किलो ताजा पालक लेकर महीन-महीन पीस लें। पालक को पीसने से पहले तीन-चार बार पानी पलटकर अच्छी तरह से धो लें, जिससे सारी मिट्टी वगैरह निकल जाए और पालक एकदम साफ-सुथरा हो जाए। पालक पीसकर उसे निचोड़ लें और इसका हरा पानी निकालकर बर्तन में रख लें।

आटे में नमक मिलाएं। घी पिघलाकर आटे में गरम घी का मोयन दें और खूब अच्छी तरह मसलें। फिर पालक से निकाले हुए हरे पानी से कड़ा आटा गूंध लें, मठरी के आटे की तरह। इससे आटे का रंग हरा हो जाएगा।

इस आटे को चकले पर बेलकर सेम के आकार का काट लें और घी में धीमी-धीमी आंच पर सेंक लें। देखने में सेम लगेगी, खाने में मठरी का स्वाद आएगा।

149. पात्रा (पतौड़)

(यह अरवी के हरे पत्तों पर बेसन लपेटकर भाप में पकाया जाता है)।

सामग्री–

✦ बेसन	: 1 कटोरी
✦ गुड़	: 25 ग्राम
✦ सफेद तिल	: 1 चम्मच
✦ पिसा अदरक	: थोड़ा सा, करीब आधा छोटा चम्मच
✦ सूखे नारियल का चूरा	: 1-2 चम्मच
✦ हरा धनिया की पत्ती	: बारीक काटकर थोड़ी सी
✦ नमक	: स्वादानुसार (करीब आधा छोटा चम्मच)
✦ इमली का पानी	: अंदाज से

विधि–

सफेद तिलों को साफ कर के सूखा ही भून लें। गुड़ का चूरा कर लें। इमली थोड़ी देर भिगो दें, नरम हो जाएगी। मसलकर इसके बीज निकाल दें। गूदे में पानी मिलाकर छान लें और इस तरह इमली का पानी तैयार कर लें।

एक या डेढ़ कटोरी बेसन इमली के पानी में पकौड़ी के बेसन जैसा गाढ़ा घोल लें। उसमें गुड़, पिसा अदरक, पिसी हरी मिर्च, नारियल का चूरा, भुने तिल, हरा धनिया कटा हुआ, लाल मिर्च कुटी हुई और नमक अच्छी तरह से मिला लें। अरवी के पत्ते में लपेटने के लिए यह मिश्रण तैयार है।

अरवी के पत्तों को अच्छी तरह धो लें। धोकर पानी झाड़ दें। पत्ता ऐसे बिछाएं कि उलटा हिस्सा ऊपर की तरफ रहे। पत्ते में यह मिश्रण हलका-हलका ठीक से फैला दें। फिर पत्ते को दोनों किनारों से मोड़ें, इन पर हलका बेसन का मिश्रण लगाएं। बाकी दोनों तरफ से भी मोड़कर पत्ते को लपेट लें (रोल कर लें)। बेसन से अच्छी तरह चिपका दें। चाहें तो धागे से भी बांध सकते हैं, जिससे खुले नहीं। इसी तरह बाकी पत्तों को भी बेसन लपेटकर रोल कर लें। यदि बड़े हों तो रोल को बीच से काट लें। फिर पानी की भाप में उबाल लें।

ढोकला मेकर में पानी गरम करें। पानी उबलने पर उसमें जाली लगा दें और अरवी के पत्तों के रोल उस पर रखें। ढक्कन से ढक दें। पंद्रह-बीस मिनट तक पकाएं। उबलने पर उतार लें।

रोल के ठंडा होने पर छोटे-छोटे टुकड़े काट लें। इन्हें घी में तलकर (डीप फ्राई करके) हलका गुलाबी होने पर निकाल लें।

गरम-गरम परोसें। हरे धनिये की चटनी या किसी भी चटनी के साथ खा सकते हैं।

नोट–*इमली-गुड़ की जगह बेसन में दही-पानी मिलाकर भी बेसन गाढ़ा घोल सकते हैं। उसमें नमक, मिर्च, हलकी सी हलदी, अदरक, पिसी हुई हरी मिर्च डालकर, पत्तों पर फैलाकर रोल कर सकते हैं।*

150. थेपला

(यह गुजराती व्यंजन है, घी लगी बाजरे की रोटी।)

दही-पानी से नहीं बनाना चाहें तो सादे पानी से भी बेसन घोल सकते हैं और खटाई के लिए थोड़ा अमचूर स्वादानुसार मिला सकते हैं।

सामग्री–

- **बाजरे का आटा : 2 कटोरी**
- **गेहूं का आटा : 1 कटोरी**
- **हरी मेथी : 1 गड्डी (करीब पाव भर)**
- **दही : 1 कटोरी**
- **तिल : 1 चम्मच**
- **लहसुन पिसा हुआ : 1 चम्मच (वैकल्पिक)**
- **हरी मिर्च : 1**
- **नमक : 1 छोटा चम्मच**
- **चीनी : 1 छोटा चम्मच**
- **तेल : 2 बड़ी कलछी**
- **मट्ठा या दही : आवश्यकतानुसार**

विधि–

एक गड्डी मेथी को अच्छी तरह धोकर संवारकर पतली–पतली काटकर रख लें। बाजरे व गेहूं के आटे को अच्छी तरह मिला लें। आटे में घी पिघलाकर मिलाएं। फिर नमक, मिर्च, लहसुन, चीनी, तिल आदि ऊपर लिखी सब चीज़ें मिला दें। पतली कटी हुई मेथी भी मिला दें। दही से आटा तैयार कर लें। यदि आटा कड़ा लगे तो मट्ठा डालकर या दही डालकर मसल दें। पानी नहीं डालना है। बेलने लायक आटा बना लें।

फिर इस आटे की लोई बनाकर तवे पर रोटी या पराठे की तरह सेंक लें।

151. चीज़ निमकी

सामग्री–

- **मैदा** : **1 किलो**
- **चीज़** : **250 से 300 ग्राम**
- **मोयन** : **अंदाज से (इतना की सूजी जैसा भुरभुरा हो जाए मैदा)**
- **कलौंजी (मंगरैला)** : **थोड़ी सी**
- **लाल कुटी मिर्च** : **अंदाज से**
- **रिफाइंड तेल/घी तलने के लिए** : **अंदाज से**

विधि–

आटे में चीज़ कद्दूकस करके मिला लीजिए। घी गरम करके पिघलाकर मोयन डालिए। फिर मंगरैला, मिर्च व नमक मिलाइए। हलका सा पानी डालते हुए कड़ा आटा गूंध लीजिए। इसको बेलकर निमकी (लंबी सेल) काट लीजिए।

रिफाइंड तेल/घी में मीडियम आंच पर निमकी तलकर निकाल लीजिए।

152. पनीर टिक्का

सामग्री–

- पनीर के बड़े टुकड़े : थोड़े से
- लहसुन पिसी हुई : थोड़ी सी
- प्याज पिसी हुई : थोड़ी सी
- अदरक पिसा हुआ : थोड़ा सा
- नमक : अंदाज से
- मिर्च : अंदाज से
- दही : थोड़ी सी

विधि–

लहसुन, प्याज, अदरक को पीसकर बारीक कर लें। इसमें नमक, मिर्च मिलाएं। थोड़ी दही मिलाएं। पनीर के टुकड़ों में यह मिश्रण मिला दें। बेक करने के लिए पनीर को ओवन में रखें। इतना बेक करें कि पनीर गुलाबी रंगत का दिखने लगे। करीब पंद्रह मिनट बेक करने में लगेंगे।

गरम-गरम निकाल कर परोसें। पनीर के टुकड़ों में टूथपिक लगाकर भी प्लेट में सजाकर सर्व कर सकते हैं।

नोट–*यदि लहसुन प्याज नहीं डालना चाहें तो इसकी जगह टुकड़ों में थोड़ा बेसन मिला दें।*

153. लौकी का बचका

लौकी के पतले-पतले गोल-गोल चंदे काट लें। बेसन को थोड़ा पतला घोलें। बेसन में नमक, धनिया, लाल मिर्च अंदाज से मिलाएं। लौकी के टुकड़े बेसन में डुबाकर कड़ाही में पकौड़ी की तरह तल लें। दाल-चावल के साथ लौकी का बचका अच्छा लगता है।

154. शलजम का बड़ा

सामग्री–

- ✦ चने का सत्तू : आवश्यकतानुसार
- ✦ शलजम उबला हुआ : 3
- ✦ प्याज कटा हुआ : वैकल्पिक
- ✦ नमक : स्वादानुसार
- ✦ हरी मटर के दाने : अंदाज से
- ✦ हरा धनिया कटा हुआ : थोड़ी सी
- ✦ लहसुन की हरी पत्ती बारीक कटी हुई : थोड़ी सी
- ✦ हरी मिर्च बारीक कटी हुई : स्वादानुसार
- ✦ अदरक बारीक कटा हुआ : थोड़ा सा
- ✦ घी तलने के लिए : आवश्यकतानुसार

विधि–

शलजम को उबालकर चने के सत्तू में गूंथ लें। बिना पानी के गूंधें। इसे अलग रख दें। शलजम में चने के सत्तू की मात्रा अंदाज से मिलाएं कि बड़ा बनाने लायक कड़ा हो जाए।

मसाला भरने के लिए–कटी प्याज थोड़े घी में लाल भून लें। हरी मटर प्याज के साथ ही भून लें। हलका नमक भूनते समय डालें, इससे नरम हो जाएंगे। भुन जाने पर नीचे उतार लें। हरे धनिये के पत्ते, लहसुन के पत्ते, हरी मिर्च, अदरक सब इसी में मिला दें। नमक भी अंदाज से डाल दें।

अब शलजम व चने के सत्तू के मिश्रण की गोली बनाएं। गोली को चपटा कर उसमें थोड़ा-थोड़ा यह मसाला भरें, फिर ठीक से बंद कर दें। बड़े की शक्ल देकर कड़ाही में पकौड़ी की तरह तलकर (डीप फ्राई) करके निकाल लें। गरम-गरम यह बड़े परोसें।

इन्हें अलग से या डबलरोटी अथवा चावल के साथ खा सकते हैं।

155. अरवी के चॉप (टिक्की)

अरवी को उबालकर पानी निकालकर गरम-गरम ही छीलकर कांटे से मसल लें। फिर चॉप जैसा चौड़ा करें। मसली हुई अरवी में हलदी, नमक, मिर्च, अमचुर, धनिया, सौंफ, हरी मिर्च, हरा धनिया, गरम मसाला इच्छानुसार डाल सकते हैं।

अरवी के चॉप को तवे पर ज्यादा तेल डालकर आलू के चॉप की तरह सेंक लें (फ्राई कर लें)।

इसे गरम-गरम चावल या रोटी के साथ खाएं। अलग से भी खा सकते हैं।

156. मूली की टिकिया/पूरी

मूली को उबालकर हाथ से मसल लें। फिर कड़ाही में थोड़ा तेल डालकर जीरा अजवायन का छौंक देकर मूली को अच्छी तरह भून लें। मूली में हरा धनिया, हरी मिर्च, अदरक, प्याज, लहसुन डालकर भून सकते हैं। हलका नमक डालें। यह मूली की पिट्ठी बन गई।

इस पिट्ठी की टिकिया बना सकते हैं और कड़ाही में पूरी की तरह तल सकते हैं। इस पिट्ठी को आटे की लोई में भरकर पूरी भी बना सकते हैं। लोई में न भरना चाहें तो इसे आटे में गूंधकर पूरी बना सकते हैं।

157. पैन केक

सामग्री–

- **आटा या मैदा : 2 कटोरी**
- **दूध : 1 कटोरी**
- **नमक : अंदाज से**
- **अजवायन : थोड़ी सी**
- **तेल मोयन के लिए : अंदाज से**
- **सफेद-काली मिर्च का पाउडर : थोड़ा सा**

विधि–

आटे में नमक व अजवायन मिलाएं। हलका सा मोयन डालें। सफेद काली मिर्च का पाउडर भी डालें। दूध से आटा गूंध लें। आटा ऐसा गूंधें कि रोटी बेलने लायक हो जाए।

किसी पैन में थोड़ा तेल लगाकर पैन केक बनाकर रखें। पैन केक को मोटी रोटी जैसा बेल लें और पैन के आकार से थोड़ा बड़ा बेलें। रोटी बेलकर पैन में फैला दें और उसके किनारों पर भी फैलाएं।

अलुमीनियम के सांचे भी पैन केक बनाने के लिए मिलते हैं, जो ओवन में रखे जा सकते हैं। इस सांचे में भी रोटी बेलकर किनारों तक फैला सकते हैं। सात इंच या आठ इंच व्यास का जितना बड़ा पैन केक बनाना है, उतना ही बड़ा सांचा लें।

इस पैन केक के ऊपर इच्छानुसार कुछ भी भर सकते हैं। उबले हुए आलू, पनीर का मिश्रण या इच्छानुसार कुछ भी भरा जा सकता है।

इसके बाद ओवन में ग्रिल कर लें। ओवन में रखकर पंद्रह-बीस मिनट तक पकाएं, जब तक कि पैन केक ठीक से पक न जाए। रोटी जैसी पैन केक ठीक से सिंक जाए, ऊपर का मिश्रण भी सिंक जाए तो ओवन से बाहर निकाल लें।

गरम-गरम परोसें। पैन केक काटकर छोटे-छोटे तिकोने टुकड़े कर लें, तब परोसें।

158. लौकी के कटलेट

सामग्री–

- **लौकी कसी हुई : 250 ग्राम**
- **बेसन : पावभर या थोड़ा ज्यादा**
- **सोडा : चुटकी भर**
- **हींग : थोड़ा सा**
- **अजवायन : थोड़ी सी (आधा छोटा चम्मच)**
- **हरी मिर्च : 2, छोटे-छोटे टुकड़े कर लें**
- **नमक : अंदाज से**
- **तेल/घी तलने के लिए : अंदाज से**

विधि–

लौकी को कद्दूकस कर लें। कसकर पानी में डालते रहें जिससे काली न हो। उबलते पानी में एक मिनट डालकर कसी हुई लौकी छानकर निकाल लें।

लौकी में बराबर का या ज्यादा बेसन डालकर मिला लें। बेसन में चुटकी भर सोडा व जरा सा पानी मिलाकर दो मिनट फेंट लें। इसमें नमक भी डाल लें।

कड़ाही में दो बड़ा चम्मच तेल डालें। तेल गरम होने पर हींग, अजवायन, हरी मिर्च डालें, फिर बेसन-लौकी का मिश्रण कड़ाही में डालें। अच्छी तरह से चलाएं, जिससे गांठ न बने। करीब पांच-सात मिनट पकाएं। बराबर चलाते रहें। जब जमने लायक होने लगे, चिकनी थाली में फैला दें। थाली में पहले से तेल लगाकर चिकनी कर लें। बेलन से बेलकर भी एक सार कर सकते हैं। हलका ठंडा होने पर बर्फी की तरह कटलेट काट लें।

कड़ाही में तेल गरम करें और कटलेट को तलकर निकाल लें। गरम-गरम परोसें।

159. दही-चावल

सामग्री–

- **चावल उबले हुए (पके हुए)** : **1 कटोरी**
- **दही** : **डेढ़ कटोरी**
- **करी पत्ता/या थोड़ा हरा धनिया** : **10-12**
- **नमक** : **अंदाज से**
- **हलदी** : **वैकल्पिक**
- **बारीक कटी प्याज** : **वैकल्पिक**
- **घी** : **एक या डेढ़ बड़ा चम्मच**
- **सरसों/राई** : **थोड़ी सी**
- **पिसा हुआ अदरक** : **एक चम्मच**
- **हरी मिर्च कटी हुई** : **2**
- **लाल मिर्च पिसी हुई** : **2**

- अजवायन : थोड़ी सी
- काजू, किशमिश : थोड़े से
- छोटी इलायची, केसर : थोड़े से

विधि–

दही को थोड़ा गाढ़ी मथ लीजिए। दही में ऐसे ही करी पत्ता, हरा धनिया, नमक मिला दीजिए। यदि चाहें तो इसी में थोड़ी हलदी और कटी प्याज मिला सकते हैं। अदरक व हरी मिर्च पीसकर दही में मिलाएं। इसी में उबले चावल मिला दीजिए।

छौंक–एक-डेढ़ बड़ा चम्मच तेल गरम करें। उसमें राई, लाल मिर्च साबुत, अजवायन का तड़का लगाएं और दही चावल में यह छौंक डाल दीजिए।

यह दही-चावल ठंडा खाया जाता है। दक्षिण भारत में इसे केले के पत्ते पर परोस कर देते हैं। हरे-हरे पत्ते पर सफेद दही के चावल छौंका पड़े हुए देखने में भी अच्छे लगते हैं और खाने में भी स्वादिष्ट होते हैं।

दूसरा तरीका–एक कप पके हुए चावल में दूध भरकर दही जमा दें। जमने पर छौंक ऊपर से डाल दें।

इन चावलों में तलकर काजू व किशमिश दोनों चीज़ें डाल सकते हैं। केसर के दो-तीन लच्छे और छोटी इलायची पीसकर डाल सकते हैं।

160. भटूरे

सामग्री–

- मैदा : 500 ग्राम
- ब्रेड : 3 पीस
- मट्ठा या पतली दही : अंदाज से
- नमक : 1 छोटा चम्मच
- घी मोयन के लिए : 1 छोटा चम्मच

नोट–*आधा किलो मैदे से 18 भटूरे बनेंगे।*

विधि–

मैदे को छानकर साफ करें। उसमें एक चम्मच नमक व एक चम्मच घी डालें। छोटा चम्मच नाप के लिए लें। ब्रेडपीस मट्ठे में या पतली दही में भिगोकर मैदे में डालकर चूरा कर दें। मट्ठे या पतली दही से आटा गूंधकर पांच-छह घंटे छोड़ दें। रात में गूंध कर रखें तो सुबह खमीर उठ जाएगा।

सुबह भटूरे बेल कर गरम घी में पूरी की तरह छान लें। खूब फूले-फूले भटूरे बनेंगे।

सुझाव–*ये भटूरे छोले के साथ खाए जाते हैं। एक कटोरी काबुली चने रात को भिगोकर सुबह उबालकर छोले बना लें। एक कटोरी काबुली चने के छोले पांच व्यक्तियों के लिए काफी होंगे।*

161. आलू के समोसे

सामग्री–

- मैदा : 2 कटोरी
- घी : 1 बड़ा चम्मच (मैदे में मोयन के लिए)
- उबले हुए आलू : 4-5
- घी : 2 छोटे चम्मच (आलू में छौंक के लिए)
- कुटा हुआ धनिया : 2 छोटे चम्मच
- कुटी हुई सौंफ : 1 छोटा चम्मच
- गरम मसाला : आधा छोटा चम्मच
- अमचुर : आधा छोटा चम्मच
- लाल मिर्च कुटी हुई : आधा छोटा चम्मच
- हरा धनिया कटा हुआ : 1 बड़ा चम्मच
- अदरक कटा हुआ : 1 छोटा चम्मच
- जीरा : आधा छोटा चम्मच
- नमक : आधा छोटा चम्मच या स्वादानुसार
- घी तलने के लिए : अंदाज से

विधि–

मैदे में एक बड़ा चम्मच घी का मोयन देकर हलका–हलका पानी डालते हुए कड़ा आटा गूंध लें। इसे ढककर अलग रख दें। आलू उबाल लें। गरम आलुओं को ही छील लें। कांटे से आलुओं को तोड़कर छोटे टुकड़े कर लें। कड़ाही में दो छोटा चम्मच घी डालें। घी गरम होने पर जीरा डालें। एक मिनट बाद जीरा पटपटाने पर उसमें बारीक कटा अदरक डालें, फिर आलू डाल दें। उसमें धनिया, सौंफ, मिर्च, अमचुर गरम मसाला, हरा धनिया, नमक डालकर अच्छी तरह भूनकर उतार लें। समोसे में भरने के लिए भुने हुए आलू तैयार हैं।

अब मैदे की छोटी लोइयां बनाएं। इसकी पतली–पतली पूरी बेलकर बीच में से काट लें। आधी पूरी को लेकर कोन बनाएं, समोसे का आकार दें, उसमें आलू की पीठी अर्थात् भुने आलू भर दें। दोनों किनारों को ठीक से चिपका दें।

कड़ाही में घी/रिफाइंड तेल गरम करें। उसमें इन समोसों को सुनहरे होने तक तलें। सभी समोसे थोड़े–थोड़े करके तल लें।

कोई भी मनपसंद चटनी के साथ गरमा–गरम परोसें।

नोट–*इन समोसों के लिए, आलू में भूनते समय थोड़ी भुनी मूंगफली या छोटे पनीर के टुकड़े भी डाल सकते हैं।*

162. मूंग की दाल के समोसे

सामग्री–

- ✦ **मैदा : 2 कटोरी**
- ✦ **घी मोयन के लिए : 1 बड़ा चम्मच**
- ✦ **मूंग की दाल : 1 कटोरी**
- ✦ **गरम मसाला : 1 छोटा चम्मच**
- ✦ **नमक : आधा छोटा चम्मच**
- ✦ **हरी मिर्च कटी हुई : 2**
- ✦ **लाल मिर्च कुटी हुई : आधा चम्मच**

- हरा धनिया, बारीक कटा हुआ : थोड़ा सा
- घी, दाल भूनने के लिए : 1 बड़ा चम्मच
- घी तलने के लिए : अंदाज से

विधि–

दाल को साफ करके भिगो दें। दो घंटे भीगने के बाद बारीक पीस लें। इस पिट्ठी में एक बड़ा चम्मच घी मिला दें। गुलाबी होने तक कड़ाही में भून लें। इसमें गरम मसाला, अमचुर, नमक, हरी मिर्च, हरा धनिया काटकर डाल दें। इसे आंच से उतारकर ठंडा कर लें।

मैदे में एक बड़ा चम्मच घी का मोयन डालकर अच्छी तरह मसलें। फिर हलका-हलका पानी डालते हुए कड़ा आटा गूंध लें। फिर इसकी छोटी-छोटी लोइयां बनाएं। लोई को पतली पूरी की तरह बेल लें। इसे बीच से काट लें और हाथ में उठाकर लपेटकर कोन के आकार की करें। समोसे का आकार दें। इसमें थोड़ी मूंगदाल की पिट्ठी भरें और दोनों किनारों को ठीक से चिपका दें।

इन समोसों को धीमी आंच पर सुनहरा होने तक तल लें (डीप फ्राई करना है)।

163. आटे की मठरी

सामग्री–

- आटा : आधा किलो
- घी मोयन के लिए : 3 कलछी
- नमक : 1 छोटा चम्मच या स्वादानुसार
- अजवायन : आधा छोटा चम्मच
- लाल मिर्च कुटी हुई : आधा छोटा चम्मच
- घी तलने के लिए : वैकल्पिक

विधि–

आटे को छान लें। उसमें नमक, अजवायन, मिर्च मिला लें। घी पिघलाकर आटे में मोयन दें। फिर थोड़ा-थोड़ा पानी डालते हुए आटे को कड़ा गूंध लें। बहुत कड़ा गूंधें। हाथ से काफी मसलें।

इस आटे की छोटी-छोटी पेड़ी (लोई) बना लें। इन पेड़ियों को चकले-बेलन के सहारे मोटा-मोटा बेल लें, करीब ढाई-तीन इंच व्यास की। यदि चाहें तो इन्हें कांटे से थोड़ा-थोड़ा गोद दें। इससे फूलेंगी नहीं।

कड़ाही में घी गरम करें। हलके गरम घी में हलकी सुनहरी होने तक मठरी सेंक लें। ठंडी होने पर इन्हें एयर टाइट डिब्बे में बंद करके रखें। आवश्यकतानुसार निकाल कर परोसें। ये आठ से दस दिन तक चल जाती है।

164. आलू की टिक्की (दूसरी विधि)

नोट–*यह आलू की टिक्की का ही रूपांतर है।*

विधि–

आलू को उबाल लें, थोड़ा कम उबालें, करीब 80 प्रतिशत आलू उबल जाए तो आलू को पानी से निकाल लें। थोड़े गरम आलू का ही छिलका छुड़ाकर आलू को हलके हाथ से कस (ग्रेट कर) लें। ध्यान रहे कि आलू चिपकने न पाए, न लसलस हो। एक तरफ से हलके हाथ से कद्दूकस करते जाइए।

इन आलुओं में स्वादानुसार नमक व काली मिर्च मिला लीजिए। यदि चाहें तो हरी मिर्च हलकी सी काटकर और हरा धनिया भी काटकर मिला दें।

आलू की टिक्की की तरह आकार देकर हलका सा मक्खन लगाकर तवे पर रखें। इस टिक्की के ऊपर बीच में कसा हुआ चीज़ (पनीर) रखें, फिर ऊपर दूसरी टिक्की रखें। पलटकर दूसरी टिक्की को भी हलका सा मक्खन लगाकर सेंक लें।

गरम-गरम परोसें। खाने में स्वादिष्ट लगेगा। हलके मक्खन से सिंकी यह टिकिया कम तेल/घी की होती है।

165. लिट्टी

नोट–*यह बिहार राज्य का व्यंजन है। चने का सत्तू भरकर बनाया जाता है। यह अल्पाहार (नाश्ता) की तरह या पूर्ण भोजन की तरह खाया जाता है।*

सामग्री–

- गेहूं का आटा : 250 ग्राम
- चने का सत्तू : 250 ग्राम
- सरसों का तेल : 2 छोटे चम्मच
- नमक : आधा छोटा चम्मच
- हरी मिर्च : 3-4 बारीक कटी हुई
- अदरक : 1 इंच का टुकड़ा, बारीक कटा हुआ
- लहसुन : 6-7 कली, बारीक कटी हुई (ऐच्छिक)
- अजवायन : आधा छोटा चम्मच
- कलौंजी : आधा छोटा चम्मच
- हरा धनिया बारीक कटा हुआ : 1 बड़ा चम्मच
- नीबू : 1
- घी/रिफाइंड : 2 छोटे चम्मच

विधि–

आटे में दो छोटे चम्मच घी या रिफाइंड तेल का मोयन देकर हलका कड़ा आटा गूंध लें। इसे ढककर अलग रख दें।

अब चने के सत्तू में दो छोटे चम्मच सरसों का तेल डालकर अच्छी तरह से मिला लें। सत्तू में कटी हरी मिर्च, कटा हुआ अदरक, कटी हुई लहसुन की कलियां, अजवायन, नमक, कलौंजी डालकर अच्छी तरह मिला लें। अब एक नीबू का रस निचोड़ दें और ठीक से मिलाकर सत्तू को मसल लें। हलका भुरभुरा सा हो जाएगा। यदि चाहें तो एक छोटा चम्मच आम के अचार का मसाला भी मिला सकते हैं। यह सत्तू भरावन के लिए तैयार है।

हाथ से आटे की छोटी-छोटी लोई बनाएं। करीब बारह-पंद्रह लोई बन जाएंगी। लोई को बीच से दबाकर चौड़ी करें और उसमें बराबर का सत्तू भरकर चारों तरफ से लोई को अच्छी तरह बंद कर के गोल बॉल जैसी बना लें। इसी तरह सब लोई सत्तू से भरकर रख लें।

इस सत्तू भरी लिट्टी को हलकी आंच पर सेंका जाता है। जैसे राख या भूभल में आलू भूने जाते हैं, उसी तरह। इसके लिए कच्चे कोयले की आग एक लोहे के तसले में जलाकर धीमी होने दें और उनके बीच में लिट्टी को पकने (बेक होने) के लिए रख दें। या गोये/कंडे/उपले भी जला सकते हैं और उनके नीचे गरम राख में लिट्टी सिंकने के लिए दबा सकते हैं। हलकी गुलाबी होने पर निकाल लें। गरम-गरम खाने को दें। यदि चाहें तो इन पर शुद्ध घी भी लगा सकते हैं। ये आलू का भरता, बैंगन का चोखा या सरसों की चटनी के साथ खाई जा सकती है, स्वादिष्ट लगेगी।

इन्हें कड़ाही में तेल गरम कर के डीप फ्राई भी किया जा सकता है। इसके लिए तेल गरम होने के बाद आंच धीमी कर दीजिए।

166. झाल-मूढ़ी (मुरमुरे)

सामग्री–

- ताजी भुनी मूढ़ी : 1 गिलास
- सरसों का तेल : 1 छोटा चम्मच
- नमक : चौथाई छोटा चम्मच या स्वादानुसार
- अमचुर : चौथाई छोटा चम्मच
- कुटी लाल मिर्च : स्वादानुसार
- कटा हरा धनिया : 1 छोटा चम्मच
- नीबू : आधा
- बारीक कटी हरी मिर्च : स्वादानुसार
- कटा लाल टमाटर : 1 बड़ा चम्मच
- उबली मटर : 1 बड़ा चम्मच
- उबला आलू : 1 (छोटा)
- कटी प्याज : 1 छोटा चम्मच (वैकल्पिक)
- कटी मूली : 1 छोटा चम्मच

विधि–

अच्छी ताजी कुरकुरी मूढ़ी को चुनकर साफ कर लें। यदि ताजी नहीं है तो कड़ाही में थोड़ी सूखी ही भूनकर कुरकुरी कर लें।

उबले आलू के छोटे-छोटे टुकड़े कर लें। टमाटर व हरा धनिया भी बारीक काट लें।

मूढ़ी में एक चम्मच सरसों का तेल, स्वादानुसार नमक, मिर्च, अमचुर मिलाकर अच्छे से चला लें। फिर इसमें आलू के टुकड़े, हरा धनिया, कटा टमाटर, उबले मटर, कटी मूली डाल दें एवं नीबू निचोड़ दें। यदि प्याज पसंद है तो प्याज भी बारीक कटी हुई डाल दें। चटपटी झाल-मूढ़ी तैयार है। प्लेट में रखकर परोसें।

नोट–*यदि कच्चा सरसों का तेल नहीं डालना चाहें तो कड़ाही में तेल गरम करके मूढ़ी में मिलाएं।*

शब्दावली

1. काजू	Cashew nuts
2. पिस्ता	Pistachio nuts
3. मखाना	Puffed Lotus seed
4. चिरौंजी, पियाल, पियार, पियार दाना	Chiraunji nut
5. गोंद	Gum (Acacia Arabica)
6. किशमिश	Raisins
7. खरबूजा गिरी	Musk melon seeds
8. मूंगफली, चिनिया बादाम	Groundnut
9. सेब	Apple
10. अखरोट	Walnut
11. नारियल	Coconut
12. नीबू	Lemon
13. मीठा कद्दू, कोंहड़ा, सीताफल	Pumpkin
14. लौकी, कद्दू, घिया	Gourd
15. पोस्ता, खसखस	Poppy seed
16. अदरक, आदि	Ginger
17. सोंठ	Dry Ginger
18. अजवायन, अजवाइन, जवाइन	Bishop's weed, King's cumin
19. जीरा, सफेद जीरा	Cumin seed
20. जावित्री	Mace, the dried covering of the seed of the nutmeg
21. तुलसी	Basil
22. तेजपत्ता	Bay leaf
23. दालचीनी	Cinnamon

24. नमक, सांभर नमक	Salt, Sea-salt
25. फिटकरी	Alum
26. लाल मिर्च	Chilli, Red Pepper, Capsicum
27. लौंग, लवंग	Cloves
28. छोटी इलायची	Cardamom
29. छोटी सौंफ	Aniseed, Anise
30. मेथी	Fenugreek
31. राई, सरसों	Mustard
32. कलौंजी, मंगरैला, काला जीरा	Cumin black
33. धनिया, धन्याक	Coriander
34. हलदी, हरिद्रा	Turmeric
35. सेन्धा नमक, लाहौरी नमक, सैन्धव	Rock-salt
36. बड़ी सौंफ, मधुरिका	Fennel
37. हींग	Asafoetida
38. केसर, केशर, जाफरान	Saffron
39. जायफल	Nutmeg
40. तिल	Sesame, Gingelly
41. बड़ी इलायची, एला	Cardamom amonum
42. खुरासानी अजवायन, अजमोदा	Parsle
43. लहसुन	Garlic
44. प्याज	Onion
45. दाल	Pulses
46. दही	Curd, Yogurt
47. रस, जूस	Juice
48. खमीर	Yeast
49. खजूर	Dates

50. जड़ी-बूटी	Herb
51. मुनक्का, द्राक्ष, सूखा अंगूर	Sultanas
52. गाजर	Carrot
53. गन्ना, केतारी, ईख, ऊख, पौंढ़ा, इसु	Sugar cane
54. चीनी, शर्करा	Sugar
55. मिश्री	Sugar-candy
56. गुड़	Brown sugar, Jaggery
57. शक्कर, खांड	Raw Sugar
58. शहद, मधु	Honey
59. तेल	Oil
60. केरैमल, दग्ध शर्करा	Caramel
61. मक्खन, नवनीत, नैनी घी	Butter
62. घी	Clarified butter
63. बेसन	Bengal gram flour
64. मक्का, मकई, भुट्ठा	Maize, Corn
65. बाजरा	Millet
66. मट्टा, छाछ	Whey, Buttermilk
67. मलाई	Cream
68. काली मिर्च, गोलकी, गोल मिर्च, मारिच	Black pepper
69. मैदा	Refined flour
70. कलछी, करछी, करछुल	Ladle
71. कड़ाही	Cauldron, wok
72. कनस्तर, कनस्टर	Canister
73. इमामबिस्ता, इमामदस्ता, खरल, ओखली	Mortar and pestle
74. चकला	Pastry board
75. चम्मच	Spoon

76. छलनी, चलनी	Sieve
77. थाली	Plate
78. ढकना	Lid
79. बेलन	Pastry-roller
80. चना, बूट	Gram
81. अरहर, तुवर, तूबरी, तूर दाल, राहर	Red gram
82. मूंग	Green gram
83. आटा	Flour
84. चावल	Rice
85. कनी चावल	Small broken rice
86. गेहूं, जवें	Wheat
87. सेवई	Vermicelli
88. अरवी, घुईयां, पेक्ची, अरुई	Colocasia
89. इमली	Tamarind
90. दक्षिणी सफेद मिर्च	White Pepper
91. उड़द दाल	Black gram
92. सूजी, रवा	Semolina
93. बादाम	Almond
94. दलिया	Broken wheat
95. आलू, बटाटा	Potato
96. करी पत्ता	Curry leaves
97. मूढ़ी, मुरमुरा, फरही	Puffed rice
98. चूड़ा, पोहा	Beaten rice
99. शकरकन्द	Sweet potato
100. शाक, साग	Leafy vegetables